# 公路桥梁施工组织 与养护管理

刘相龙 高文彬 ◎ 著

中国原子能出版社
China Atomic Energy Press

**图书在版编目（ＣＩＰ）数据**

公路桥梁施工组织与养护管理 / 刘相龙, 高文彬著
. -- 北京：中国原子能出版社, 2020.5 （2021.9重印）
ISBN 978-7-5221-0536-9

Ⅰ. ①公… Ⅱ. ①刘… ②高… Ⅲ. ①公路桥—桥梁
施工②公路桥—养护 Ⅳ. ①U448.145.1②U448.145.7

中国版本图书馆CIP数据核字(2020)第081517号

- - - - - - - - - - - - - - - - - - - - - - - - - - - - - - - - - - - - - - - - - - - - - - - - -

**公路桥梁施工组织与养护管理**

| | | |
|---|---|---|
| 出　　版 | 中国原子能出版社（北京市海淀区阜成路43号 100048） | |
| 责任编辑 | 蒋焱兰（邮箱：ylj44@126.com QQ：419148731） | |
| 特约编辑 | 吴　维　　胡雪峰 | |
| 印　　刷 | 三河市南阳印刷有限公司 | |
| 经　　销 | 全国新华书店 | |
| 开　　本 | 787mm×1092mm 1/16 | |
| 印　　张 | 15.25 | |
| 字　　数 | 200千字 | |
| 版　　次 | 2020年5月第1版 | 2021年9月第2次印刷 |
| 书　　号 | ISBN 978-7-5221-0536-9 | |
| 定　　价 | 68.00元 | |

出版社网址：http://www.aep.com.cn　E-mail：atomep123@126.com
发行电话：010-68452845　　　　**版权所有　侵权必究**

# 前言
-PREFACE-

　　施工组织是指导施工准备和施工的技术经济文件,也是投标文件的重要组成部分。20世纪80年代以后,随着我国的市场经济的不断深入以及我国工程招投标工作在全国范围内的开展,施工组织也在不断地改变自己的角色,初始的施工技术文件已完全转变为全面的项目策划和管理文件。从施工组织的发展历史和现实状况来看,其重要性越来越显著。这使得施工组织的内容、内涵及外延的设计范围越来越广,涉及内容也越来越多。

　　公路桥梁工程的施工是一项复杂的技术经济活动过程。如何在施工之前对工程进行周密的统筹规划,在施工过程中实施有效的控制管理,最终取得相对最优的技术经济效果,这是施工组织管理必须研究的课题。对大型公路桥梁工程而言,其施工组织管理本身就是一项庞大的系统工程,涉及各学科、各专业和各工种的专门知识,要对施工中所需要的劳动力、材料、机械设备和资金以及施工的顺序与方法,平面和空间的布置进度,现场的"三通一平",临时设施等进行科学合理的安排,同时对这些错综复杂的活动进行组织和协调。

　　在基本建设中,工程的施工阶段是根据规划和设计文件的规定来制定实施方案的,将人们的主观设想变成客观事实。因此,施工阶段是基本建设中最重要的一个阶段。施工组织设计作为指导工程施工全过程中各项活动的技术、经济和组织的综合性文件，是对拟建工程施工的全过程实行科学管理的重要手段，也是反映一个施工企业经营管理水平和经营管理素质优劣的重要标志。认真地编制好施工组织设计，对保证施工的顺利进行，具有重要意义。

公路桥梁在使用过程中，其路基、路面及交通工程设施和服务设施等，会因行车荷载及环境因素的作用而逐渐损坏，这将造成公路桥梁服务水平的逐步下降。因此，在公路桥梁交付使用后，仍需继续投入大量的资金对公路桥梁进行维护，使公路桥梁保持较高服务水平。当前，社会公路桥梁事业正进入发展的关键时期和重大转型期，既面临加快基础设施建设的重大机遇，又凸显筹融资困难、养护资金短缺、公路桥梁等级不高与结构性矛盾突出等问题与挑战。同时还面临体制、机制重大变革带来的各种影响。在新的形势、新的任务、新的情况下，破解养护发展难题，如何去做好公路桥梁的全面养护工作，这对于增强公路桥梁的服务功能，延长公路桥梁使用周期，降低养护成本，缓解养护投入压力，确保公路桥梁安全畅通等方面将起到积极的作用。

# 目 录
-CONTENTS-

# 第一章 公路桥梁施工组织概述

今天,我国的经济水平已经跻身于世界强国的行列,伴随着经济发展,公路桥梁建设也日益完善起来。随着我国车辆数目的增加,交通运输压力也与日俱增,而公路桥梁建设对于缓解交通运输压力的作用也越来越重要。公路桥梁施工的质量直接影响着人类的生命财产安全,因此,对于公路桥梁施工建设质量的要求也在不断提高。

## 第一节 公路桥梁施工概述

在我国道路建设日益完善之际,公路桥梁的建设已经得到了快速的发展。而公路桥梁施工质量高低能够直接影响整个公路工程项目的质量。因此,必须全面提高公路桥梁施工技术水平,保证整个公路桥梁的质量。

### 一、公路施工的方法与程序

如今,公路建设项目越来越多,其施工技术质量在很大程度上决定了公路建设施工能否顺利完成以及完工后公路的质量,因此有必要对公路施工的方法与程序进行分析,以探讨提升技术质量的有效措施。

#### (一)公路施工的方法与特点

1.施工方法

高等级公路的施工方法主要有人工施工、简易机械化、机械化、水

力机械化和爆破等。

（1）人工施工法

人工施工法是使用手工工具进行公路施工的方法。这种施工方法效率低、劳动强度大，不仅要占用大量的劳动力，而且施工进度慢，工程质量也难以保证。但在山区低等级公路路基工程中，当机械无法进入施工现场或施工场地难以展开机械化作业时，就不可避免地要采用人工施工法。

（2）简易机械化施工法

简易机械化施工法是以人力为主，配以简易机械的公路施工方法。与人工施工法相比较，能适当地减轻劳动强度，而且可以加快施工进度，提高施工质量。在我国目前的施工生产条件下，特别是在山区一般公路建设中，仍是一种值得推广的施工方法。

（3）机械化施工法

机械化施工法是使用配套机械，主机配以辅机，相互协调，共同形成主要工序的综合机械化作业的公路施工方法。机械化施工可以极大地提高劳动生产率，减轻劳动强度，显著地加快施工进度，提高工程质量，而且安全程度高，是加速公路工程建设和实现公路施工现代化的根本途径。

（4）爆破施工法

爆破施工法是通过爆破震松岩石、硬土或冻土，开挖路堑或采集石料的施工方法。这种方法是道路施工，特别是山区公路施工不可或缺的重要施工方法。

2.施工特点

公路作为一种特定的人工构造物，与工业生产比较，虽然公路施工同样是把一系列的资源投入产品（即工程）的生产过程，其生产上的阶段性和连续性，组织上的专门化和协作化也与之基本相符。但是，公路施工与一般工业生产及其他土建工程施工（如房屋建筑）仍有所不同。

（1）公路工程属于线性工程

一般一条公路项目的建设路段少则几千米，多则数十千米甚至数百千米，路线甚至要跨越山川、河谷。而且路线所经路段难以完全避开不良地质地区，如滑坡、软基、冻土、高填、深挖等路段；在地形复杂的地段，难以避免地要修建大桥、特大桥、隧道、挡墙等结构物。这就使得公路项目建设看似简单，实际上却比一般土木工程项目复杂得多。由于公路路线所经路段地质特性的多变性，使得公路路基施工复杂、多变性凸显，结构物的施工也因地质条件的不确定性，经常导致设计变更、工期延长，使进度控制、质量控制、投资控制的难度大大增加。

（2）公路工程项目构成复杂

公路工程项目的单位工程包括：路基土石方工程、路面工程、桥梁工程、隧道工程、互通立交工程、沿线设施及交通工程、绿化工程等。各单位工程中的作业内容差异很大，如桥梁工程，随不同的桥型，施工技术差异很大。这也决定了公路工程项目施工技术的复杂性和管理的综合性。

（3）公路工程项目规模庞大

施工过程缓慢，工作面有限，决定了其较长的工期。公路的施工工期通常在2~5年，工期长意味着在工程建设中面临着更多的不确定因素，承担着更大的风险①。

**（二）公路施工的基本程序**

施工程序是指施工单位从接受施工任务到工程竣工阶段必须遵守的工作程序，主要包括签订工程承包合同、施工准备工作、组织施工和竣工验收等。

---

①韩作新，陈发明.公路桥梁涵洞工程施工作业指导书[M].成都:电子科技大学出版社，2017.

1.签订工程承包合同

（1）接受施工任务的方式

施工企业接受任务的方式主要有三种：①上级主管单位统一布置任务，安排计划下达。②经主管部门同意，自行对外接受任务。③参加投标，中标而获得任务。

（2）接受任务的要求

查证核实工程项目是否列入国家计划。必须有已批准的可行性研究、初步设计（或施工图设计）及工程概（预）算文件。

（3）接受任务的方式

签订工程承包合同并加以肯定。施工承包合同的内容主要包括承包的依据方式、工程范围、工程质量、施工工期、工程造价、技术物资供应、拨款结算方式、奖惩条款等。

2.施工准备工作

施工准备工作是为拟建工程的施工建立必要的技术和物质条件，统筹安排施工力量和现场。施工准备工作也是施工企业做好目标管理，推行技术经济承包的依据。要编制好施工组织设计，以保证工程建设的顺利进行。其作用是发挥企业优势，合理供应资源，加快施工速度，提高工程质量，降低工程成本。

3.组织施工

施工准备就绪后，向监理工程师提交开工报告，经同意即可开工。按施工顺序和施工组织设计中所拟定的施工方法进行施工。组织施工应具备的文件如下：设计文件、施工规范、技术操作规程、各种定额、施工图预算、施工组织设计、公路工程质量检验评定标准和施工验收规范。

4.竣工验收

所有建设项目和单位工程都已按设计文件内容建成。以设计文件为依据，根据有关规定和评定质量等级进行工程验收。

## 二、公路施工的技术准备与组织准备

### (一)技术准备

1.熟悉与审查设计文件并进行现场核对

组织有关人员学习设计文件,其目的是对设计文件、设计图及资料进行了解和研究,使施工人员明确设计者的设计意图和业主要求,熟悉设计图的细节,并对设计文件和设计图进行现场核对。其内容主要包括:第一,设计图是否齐全,规定是否明确,与说明有无矛盾。第二,路基平、纵、横断面,构造物总体布置和桥涵结构物形式等是否合理,相互之间是否有错误和矛盾。第三,主要标高、尺寸、位置有无错误。第四,设计文件所依据的水文、气象、土壤等资料是否准确可靠。第五,核对路线中线、主要控制点、水准点、三角点、基线等是否准确无误。第六,路线或构造物与农田、水利航道、公路、铁路、电信、管线及其他建筑物的互相干扰情况及其解决办法是否恰当,干扰可否避免。第七,对地质不良地段采取的处理措施。第八,主要材料、劳动力、机械台班等计算(含运距)是否准确。

2.补充调查资料

进行现场补充调查是为了编制实施性施工组织设计收集资料。调查的内容主要有:工程地点的水文、地形、气候条件和地质情况;自采加工料场、当地材料、可供利用的房屋情况;当地劳动力资源、工业加工能力、运输条件和运输工具情况;施工场地的水源、电源以及生活物资供应情况;当地风俗习惯等。

3.设计交桩和设计技术交底

工程在正式施工之前,应由勘测设计单位向施工单位进行交桩和设计技术交底。交桩应在现场进行,设计单位将路线测设时所设置的导线控制点和水准点及其他重要点位的桩志逐一移交给施工单位。施工单位在接受这些控制点后,要采取必要措施妥善地加固与保护。

设计技术交底一般由建设单位主持,设计、监理和施工单位共同参加。交底时设计单位应说明工程的设计依据、设计意图,并对某些特殊结构、新材料、新技术以及施工中的难点和需注意的事项进行详细说明,提出设计要求。施工单位则提出在研究设计文件中发现的问题及设计修改意见,由设计单位对有关问题进行澄清和解释,对于合理的设计修改意见,必要时可在统一认识的基础上,对所讨论的结果逐一记录,并形成会议纪要,由建设单位正式行文,参加单位共同会签,作为与设计文件同时使用的技术文件和指导施工的依据,以及进行工程结算的依据。

**(二)组织准备**

施工企业通过投标方式获得工程施工任务后,应根据签订的施工合同要求,迅速组建符合本工程实际的施工管理机构,并组织施工队伍进场施工。同时,为保证工程按设计要求的质量、计划进度和低于合同运价的成本,安全、顺利地完成施工任务,还应针对施工管理工作复杂、困难多的特点,建立一整套完善的施工管理制度,采用科学的管理方法,切实有效地开展工作。

1.施工机构的组建和人员的配备

这里的施工机构是指为完成公路施工任务,负责现场指挥、管理工作的组织机构。根据我国具体情况及以往的公路施工经验,施工机构一般由生产系统、职能部门和行政系统等组成。

2.建立健全各项管理制度

(1)施工计划管理制度

施工计划管理制度是施工管理工作的中心环节,其他管理工作都要围绕施工计划管理来开展。施工计划管理包括编制计划、实施计划、检查和调整计划等环节。由于公路施工受自然条件的影响大,其他客观情况的变化也难以准确预测,这就要求施工计划必须经过充分调查研究后制订,同时在执行过程中应随时检查,发现问题及时采取措施解决,必要时还应对计划进行调整修改,使之符合新的客观情况,保证计划的顺利实现。

（2）工程技术管理制度

工程技术管理制度是对施工技术进行一系列组织、指挥、调节和控制等活动的总称。其主要内容包括：施工工艺管理、工程质量管理、施工技术措施计划、技术革新和技术改造、安全生产技术措施、技术文件管理等。要做好各项技术管理工作，关键是建立并严格执行各种技术管理制度，只有执行技术管理制度，才能很好地发挥技术管理作用，圆满地完成技术管理的任务。

（3）工程成本管理制度

工程成本管理制度是施工企业为降低工程成本而进行的各项管理工作的总称。工程成本管理与其他管理工作有着密切的联系，施工企业总的技术水平和经营管理水平的高低，均能直接或间接地反映在成本这个指标上。工程成本的降低，表明施工企业在施工过程中活劳动（支付劳动者的报酬）和物化劳动（生产资料）的节约。活劳动的节约说明劳动生产率的提高；物化劳动的节约则说明机械设备利用率的提高和建筑材料消耗率的降低。因此，建立成本管理制度，对加强工程成本的管理，不断降低工程造价，具有十分重要的意义。

### 三、桥梁施工的特点及主要方法

#### (一)桥梁施工的特点

桥梁是线路跨越河流或其他障碍的一种主要承载结构，有着公路工程建设项目施工的一般特点，但是在具体施工过程中，桥梁工程的施工又有不同于其他类型工程的特点。

1.施工流动性大、受外界干扰及自然因素的影响大

桥梁工程基本都是野外露天作业，自然地理环境因素和一些人为因素都会影响工程的施工。例如，突变性天气、复杂的地质情况以及不协调的地方关系都会影响到桥梁工程的进度、质量、工期及成本。桥梁工程通常是整个线路工期的控制点，因而施工组织管理的工作尤

其重要。

### 2.结构形式多样化、施工协作性要求高

桥梁工程结构形式多种多样,由于水文、地质、公路等级和使用要求的不同而必然会有不同的设计。例如,地质环境较好的山区的桥梁,大多采用浅基础形式,而冲积平原的桥梁,大多采用深基础;大型桥梁跨越主河道的,主桥与引桥的结构形式会有较大的不同。为了施工计划的正常进行,建设、设计、监理、施工单位必须紧密配合,材料、动力、运输各部门应全力协作,同时各级地方政府部门和沿线的相关单位的团结协作也很重要。因此,桥梁工程施工过程中,应该加强团结、协作、协调、平衡,保障施工工作顺利进行。

### 3.施工的一次性、不可重复性

桥梁工程施工任务是一次性的,桥梁的位置基本是固定不动的,而且由于每个项目都有其特殊性,每次任务都有区别于其他任务的特点,不可能像工业产品一样重复批量生产,施工过程中由于错误、失误等造成的损失将无法弥补,因此需要因地制宜,重视桥梁工程施工的特性,进行专门的研究、设计,采用专门的科学的施工组织与管理。

### 4.施工周期较长、施工质量影响大

桥梁工程尤其是大型桥梁的施工,在较长的时间内占用、消耗了大量的资源,直到工期结束,才能得到可以使用的产品。同时桥梁工程的质量关系到社会经济的各项活动及人民生活,如果建设质量有问题,不仅会造成巨大的经济损失,甚至会影响到人民的生命安全,造成极为不良的社会影响。因此,在施工的各个阶段,应该严格按照计划进行科学管理,在桥梁施工的整个过程中做到各个环节紧密相扣,工程质量得到控制,资源消耗合理,使经济效益和社会效益达到最佳。

### (二)桥梁施工的主要方法

#### 1.桥梁下部结构施工

桥梁下部结构施工的工程问题通常不能用理论上的数学方法来

处理,有效地处理基础工程问题的唯一方法,在于首先找出以前有过的类似性质的工程中曾发生的问题;其次查明工程地点的土质类型;最后查清某种施工方法为何导致某种结果。通过系统的知识积累,将经验数据加以仔细的表达和确定,那么基础工程就可发展成为半经验的科学。几十年来,促使各国基础工程技术不断发展的正是经验的积累、研究的深入和及时地交流经验。一般来说,桥梁下部结构的桥梁基础工程施工发展到今天,所受的不是水文、地质条件的控制,而是工程结构本身和经济效益的影响。

桥梁下部结构施工包括桥梁基础工程、承台和墩(台)身的施工。

(1)桥梁基础工程施工

目前国内已经拥有了合乎我国国情的一整套施工工艺和设备,而特大桥梁基础已经向"组合基础发展"。扩大基础、桩基和沉井在各自的发展中又彼此"联合",而这种联合就是根据不同的水文、地质来发挥各种基础的特点而组成的一个整体,故而出现了很多基础形式。桥梁基础工程由于在地下或在水中,涉及水和岩土问题,从而增加了它的复杂性,使桥梁基础施工无法采用统一的模式。但是根据桥梁基础工程的形式大致可以归纳为:扩大基础桩、管柱基础、沉井基础、地下连续墙基础和组合基础等几大类。

(2)承台施工

在旱地、浅水河中采用土石筑岛法进行桩基施工的桥梁,其承台的施工方法与扩大基础的施工方法类似,可采取明挖基坑或简易板桩围堰的方法进行施工。对深水中的承台,可供选择的施工方法通常有钢板桩围堰、钢管桩围堰、双壁钢围堰及套箱围堰等。围堰的目的是为了止水,以实现承台施工处的干燥。钢板桩和钢管桩围堰实际上是同一类型的围堰形式,只不过所用材料不同。双壁钢围堰通常是将桩基和承台的施工一并考虑,即先在堰顶设钻孔平台,桩基施工结束后拆除平台,在堰内进行承台施工。套箱现多采用钢材制作,分有底和无底两种类型,根据受力情况不同又可设计成单壁或双壁。

(3)墩(台)身施工

墩(台)身的施工方法根据其结构形式不同而有所区别。对结构形式较简单,高度适中的中、小桥墩(台)身,通常采取传统的方法,即立模(一次或几次)现浇施工。但对高墩及斜拉桥、悬索桥的索塔,则有较多可供选择的方法。而施工方法的多样化主要反映在模板结构形式的不同。近年来,滑升模板、爬升模板和翻升模板等在高墩及索塔上应用较多,其共同特点是将墩身分成若干节段从下至上逐段进行施工。采用滑升模板(简称滑模)施工时,对结构物外形尺寸的控制较准确,施工进度平稳、安全,机械化程度较高,但因多采用液压装置实现滑升,故成本较高,所需的机具设备亦较多;而爬升模板(简称爬模)一般要在模板外侧设置爬架,因此这种模板相对而言需耗用较多的材料,体积亦较庞大,但不需搭设另外的提升设备;翻升模板(简称翻模)结构较简单、施工较方便,不过需搭设专门用于提升的起吊设备。高墩的施工,应根据现场的实际情况,进行综合比较后选择适宜的施工方案。在中、小型桥梁施工中,有时采用石砌墩(台)身,虽然其施工工艺较简单,但必须严格控制砌石工程的质量。

2.桥梁上部结构施工

20世纪70年代以后随着预应力混凝土的广泛应用,桥梁上部结构的施工方法得到了迅速发展,并发生了重大变革。由于桥梁类型的增加、跨径的增大、构件生产的预制化、结构设计方法的进步、机械设备的发展,由此而引起了施工方法的进步和发展,形成了多种多样的施工方法。但除了一些比较特殊的施工方法外,主要是就地浇筑和预制安装两大类。

(1)就地浇筑法

就地浇筑法是在桥位处搭设支架,在支架上浇筑桥体混凝土,达到强度后拆除模板和支架。其优点是无需预制场地,而且不需要大型起吊、运输设备,梁体的主筋可不用中断,桥梁整体性好。它的缺点主要是工期长,施工质量不易控制,由于混凝土的收缩、徐变引起的预应力损失比较大;施工中的支架、模板耗用量大,施工费用高;搭设支架影响排洪、通航,施工期间可能会受到洪水和漂流物的威胁。

（2）预制安装法

预制安装法是在预制工厂或运输方便的桥址附近设置预制场,进行梁的预制工作,然后采用一定的架设方法进行安装。预制安装法施工一般是指钢筋混凝土或预应力混凝土简支梁的预制安装。预制构件安装的方法很多,需要不同的安装设备,可根据施工的实际情况合理选择。

预制安装法施工的主要特点如下:由于构件是工厂生产制作,有利于确保构件的质量和尺寸精度,可采用机械化施工。上下部结构可以平行作业,可缩短施工工期。有效利用劳动力而降低工程造价。施工速度快,可适用于紧急施工工程。由于构件预制后要存放一段时间,在存放时间内会发生部分徐变,而在安装后徐变引起的变形较小。

3.桥梁施工方法的选择

选择合适的施工方法,要考虑的因素有桥位的地形环境,安装方法的安全性、经济性,施工速度及社会环境影响等。因此,在桥梁设计时就要对桥位进行详细的调查,掌握现场的地理环境、地质条件和气象条件。因为施工现场处在市区内、平原、山区、跨河道、跨海湾等不同的地形,各方面条件差别很大,运输条件和环境约束也不相同,这些条件除作为选择施工方法的依据外,也涉及到设计方案的考量、桥跨和结构形式的选定。

此外,桥梁的类型跨径、施工的技术水平、机械设备条件,也是选择施工方法时要考虑的重要因素。虽然桥梁的施工方法很多,但对于不同的桥梁类型,有的合适,有的就不合适,有的则在特定的条件下可以使用。

# 第二节 公路桥梁施工组织基础知识

随着国家越来越重视公路桥梁的质量,越来越多的人开始关注公路桥梁的施工组织问题。施工组织对公路桥梁工程的质量起着重大作用,因此有必要对公路桥梁施工组织涉及的一系列问题展开研究,为公路桥梁工程质量提供基础保障。

## 一、工程建设项目概述

### (一)工程建设项目的概念

工程建设项目也称为建设项目,指按一个总体设计组织施工,建成后具有完整的系统,可以独立地形成生产能力或者使用价值的建设工程。一般以一个企业、事业单位或独立工程作为一个建设项目,如一所学校、一家医院等。

### (二)工程建设项目的分类方法

工程建设项目有以下六种分类方法。

1.按建设的性质划分

按建设的性质不同,工程建设项目分为:第一,新建项目,即根据国民经济和社会发展的近远期规划,按照规定的程序立项,从无到有的建设项目。第二,扩建项目,即现有企业为扩大原有产品的生产能力或效益,以及为增加新品种的生产能力而增建的主要生产车间、工程项目或行政事业单位增建业务用房等。第三,改建项目,即为了提高生产效益,改进产品质量或改变产品方向,对原有设备和工艺流程进行技术改造的项目,或为提高综合生产能力增加一些附属和辅助车间或非生产性工程。第四,迁建项目,即现有企业、事业单位由于改变生产布局、环境保护、安全生产以及其他特殊需要等,搬迁到其他地方进行建设的项目。第五,恢复项目,即对由自然、战争或其他人为因素遭到毁坏的固定资产进行重建的项目。

2.按建设的经济用途划分

按建设的经济用途不同,工程建设项目分为生产性基本建设项目和非生产性基本建设项目。

基本建设项目是国民经济的组成部分,包括建设项目的投资决策、建设布局、技术决策、环境保护、工艺流程、设备选型、生产准备以及对工程建设项目的规划、勘察、设计和施工等活动。基本建设是形成固定资产的生产活动。固定资产指在其有效使用期内重复使用而不改变其实物形态的主要劳动资料,它是人们生产和活动的必要物质条件。基本建设是一个物质资料生产的动态过程,也就是将一定的物资、材料、机器设备通过购置、建造和安装等活动将其转化为固定资产,形成新的生产能力或使用效益的建设工作。

生产性基本建设包括:工厂、矿山、油井、电站、铁路、公路、港口、车站、仓库以及农业基本建设等。非生产性基本建设指用于人们物质和文化生活项目的建设,包括住宅、学校、医院、幼儿园、影剧院、国家行政机关和金融保险业的建设等。

3.按投资额构成划分

按投资额构成不同,工程建设项目分为建筑安装工程投资、设备工器具投资和其他基本建设投资。

4.按建设规模和总投资的大小划分

按建设规模和总投资的大小不同,工程建设项目分为大型、中型和小型。

5.按建设阶段划分

按建设阶段不同,工程建设项目分为预备项目、筹建项目、施工项目、建成投资项目和收尾项目。

6.按行业性质和特点划分

按行业性质和特点不同,工程建设项目分为竞争性项目、基础性项目和公益性项目等。

### (三)工程建设项目的组成

工程项目的组成按大小依次分为:单项工程、单位工程、分部工程、分项工程、检验批。一个工程建设项目可划分为若干个单项工程,一个单项工程又可划分为若干个单位工程,一个单位工程则可划分为若干个分部工程,一个分部工程又可划分为若干个分项工程,大的分项工程则可划分为若干个检验批。

1.单项工程

单项工程指在一个建设项目中具有独立的设计条件,建成后能够独立发挥生产能力或效益的工程。它是工程建设项目的组成部分,如学校的教学楼、医院的门诊楼等。一个单项工程可划分为若干个单位工程。

2.单位工程

单位工程是单项工程的组成部分。单位工程指具备单独设计条件、可独立组织施工,能形成独立使用功能但完工后不能单独发挥生产能力或投资效益的工程,如建筑工程、装饰工程。一个单位工程可划分为若干个分部工程。

3.分部工程

分部工程是单位工程的组成部分。分部工程按专业性质和建筑部位划分。例如,建筑工程划分为地基与基础、主体结构、建筑装饰装修、屋面、建筑给水排水及采暖、建筑电气、智能建筑、通风与空调、电梯、建筑节能,共10个分部工程。

当分部工程较大或较复杂时,可按施工程序、专业系统及类别等划分为若干个子分部工程。例如,主体结构可划分为混凝土结构、砌体结构、钢结构、钢管混凝土结构、型钢混凝土结构、铝合金结构、木结构等。一个分部工程又可分为若干个分项工程。

4.分项工程

分项工程是分部工程的组成部分。分项工程按主要工种、材料、施工工艺、设备类别划分。例如,混凝土结构工程按主要工种划分为模板工程、钢筋工程、混凝土工程等分项工程;按施工工艺又分为预应力、现浇结构、装配式结构等分项工程。砌体结构按使用材料不同可划分为砖砌体、混凝土小型空心砌块砌体、石砌体、填充墙砌体、配筋砖砌体等分项工程。

5.检验批

检验批指按相同的生产条件或按规定方式汇总起来供检验用的,由一定数量样本组成的检验体。分项工程由一个或若干个检验批组成。检验批可根据施工质量控制和专业验收需要按楼层、施工段、变形缝等划分。

## 二、施工组织的原则

### (一)严格执行基本建设程序

基本建设程序是从大量工程实践中总结出来的客观规律,各个阶段有着不可分割的联系,但不同阶段有不同内容,既不能相互代替,也不能相互颠倒错乱。只有严格执行基本建设程序,基本建设才能顺利进行。

### (二)严格遵守工期定额、合同规定的工程竣工和交付使用的期限

施工工期是建筑企业重要的核算指标之一。工期的长短直接影响建筑企业的经济效益,并关系到国民经济新增生产能力动用计划的完成和经济效益的发挥。对于总工期较长的大型建设项目,应根据生产或使用的需要,安排分期分批建设、投产和交付使用,以期早日发挥建设投资的经济效益。

### (三)合理安排施工程序和顺序

建筑施工有其本身的客观规律,其安排应符合施工工艺,满足技术要求。合理安排施工程序和顺序,有利于组织施工,保证各项工作相互促进、紧密连接,充分利用空间和时间,缩短工期。

### (四)采用流水施工和网络计划技术组织施工

采用流水施工和网络计划技术组织施工,可使拟建工程充分利用时间和空间,以保证施工连续、均衡、有节奏地进行。还可以利用网络计划技术进行施工进度计划的优化、控制和调整,达到缩短工期和节约成本的目的。

### (五)尽量采用先进施工技术,科学确定施工方案

先进的施工技术是提高劳动生产率、改善工程质量、加快施工进度、降低工程成本的主要途径。在选择施工方案时,要积极采用新材料、新设备、新工艺和新技术,确保施工安全与质量。

### (六)工厂预制与现场预制相结合

贯彻工厂预制与现场预制相结合的策略,提高建筑产品的工业化程度。

### (七)恰当安排冬期和雨期的施工项目

根据工程项目和项目所在地的具体情况,对必须在冬期和雨期施工的项目,应采取季节性施工措施,保证施工顺利进行,以增加全年的施工天数,提高施工的连续性和均衡性。

### (八)充分利用机械设备

机械化施工可加快工程进度,减轻劳动强度,提高劳动生产率。为此,在选择施工机械时,应充分发挥机械的效能,各型机械相结合,扩大机械化施工范围,提高机械化程度。

### (九)减少暂设工程和临时性设施,合理布置施工现场

在规划施工总平面图和现场组织施工时,应合理布置施工现场,节约施工用地;尽量利用原有建筑及设施,以减少临时设施;尽量利用当地资源,以节约成本。

### 三、基本建设程序与施工程序

#### (一)基本建设程序

基本建设程序是建设项目从筹划建设到建成投产必须遵循的工作环节及其先后顺序。它是经过大量工程实践总结出来的工程建设的客观规律,反映了工程建设各个阶段之间的内在联系,是从事建设工作的各有关部门和人员都必须遵守的程序。

我国工程基本建设主要有以下几个阶段:项目建议书阶段、可行性研究阶段、初步设计阶段、技术设计阶段、施工图设计阶段、建设准备阶段、施工阶段、竣工验收阶段和后评价阶段。

1.项目建议书阶段

项目建议书又称为项目立项申请书或立项申请报告。由建设单位根据国民经济的发展、国家和地方中长期规划、产业政策、生产力布局、国内外市场和项目所在地的内外部条件,就某一具体新建、扩建项目提出的项目建议文件,从宏观上论述项目设立的必要性和可行性,是对拟建项目提出的框架性总体设想。

项目建议书主要包括以下内容:项目建设的必要性和依据;产品方案、拟建规模和建设地点的初步设想;资源情况、建设条件、协作关系等的初步分析;投资估算和资金筹措设想;经济效益、社会效益和环境效益的初步估计。项目建议书编制完成后应报送到有关部门进行审批,批准后才能进入可行性研究阶段。

2.可行性研究阶段

可行性研究是对项目在技术上是否可行和经济上是否合理所进行的科学分析和论证。

(1)可行性研究报告的编制

可行性研究报告的编制由符合本项目的等级和专业范围的规划、设计、工程咨询单位承担。可行性研究报告的主要内容根据项目的性质不同而有所不同,但一般包括以下几点:项目的背景和依据;需求预

测、建设规模、产品方案、市场预测和确定依据;技术工艺、主要设备和建设标准;资源、原料、动力、运输、供水及公用设施情况;建设条件、建设地点、项目分布方案、占地面积等;项目设计方案及协作配套条件;环境保护、规划、抗震、防洪等方面的要求及相应措施;建设工期、实施进度要求;生产组织、劳动定员和人员培训;投资估算、资金筹措方案;财务评价、国民经济评价;经济效益、社会效益和环境效益评价。

(2)可行性研究报告的论证

报告编制完成后,项目建设单位应委托有相应资质的单位进行评估和论证。

(3)可行性研究报告的审批

建设单位将可行性研究报告及其他手续文件上报项目审批部门审批。可行性研究报告经审批后,不得随意修改和变更,如需更改,需经原批准单位同意并重新审批。只有可行性研究报告得到批准,项目才能正式立项。

3.初步设计阶段

初步设计是根据批准的可行性研究报告和准确的设计基础资料,对设计对象进行通盘研究,阐明在指定的地点、时间和投资内,拟建工程的技术可能性和经济合理性。通过对设计对象做出的基本技术规定,编制项目的总概算。

初步设计文件经批准后,总平面布置、主要工艺过程、主要设备、建筑面积、建筑结构、总概算等不得随意修改和变更。经过审批的初步设计是设计部门进行施工图设计的重要依据。

4.技术设计阶段

对于一些结构复杂、技术要求高、施工难度大的工程,在初步设计的基础上,还应进行技术设计。

技术设计阶段是为了进一步确定初步设计中所采用的工艺流程和建筑、结构上的主要技术问题,校正设备选择、建设规模及一些技术经济指标,而对一些技术复杂或有特殊要求的建设项目所增加的一个设计阶段。技术设计应根据批准的初步设计文件编制。其内容根据工程的特点而定,深度应能满足设计方案中重大技术问题、有关科学试验和设备制造方面的要求。

技术设计阶段应在初步设计总概算的基础上编制出修正总概算。技术设计文件要报主管部门批准。

5.施工图设计阶段

施工图设计是根据已批准的初步设计的要求,结合项目现场实际情况,完整地表现建筑物外形、内部空间分布、结构体系、构造状况、建筑群的组成和周围环境的配合以及各种运输、通信、管道系统和建筑设备的设计。在工艺方面,应具体确定各种设备的型号、规格及各种非标准设备的制造加工过程。

施工图设计完成后,建设单位应当将施工图报送建设行政主管部门,由建设行政主管部门委托有关审查机构,进行结构安全、强制性标准和规范执行情况等内容的审查。施工图一经审查批准后,不得擅自进行修改。在施工图设计阶段,还应编制施工图预算。

6.建设准备阶段

建设准备阶段主要内容包括:组建项目部、征地、拆迁、"三通一平"(水通、电通、路通及场地平整);组织材料、设备订货;办理建设工程质量监督手续;委托工程监理;准备必要的图纸;组织施工招投标,确定施工单位;办理施工许可证等。按规定做好施工准备,具备开工条件后,建设单位即可申请开工。

7.施工阶段

工程项目经批准开工建设,项目即进入了施工阶段。项目开工时间指项目设计文件中规定的,任何一项永久性工程第一次正式破土开槽开始施工的日期。

施工安装活动应按照工程设计要求、施工合同条款及施工组织设计,在保证工程质量、工期、成本、安全及环保等目标的前提下进行。

8.竣工验收阶段

工程竣工验收指建设工程依照国家有关法律、法规及工程建设规范、标准的规定完成工程设计文件要求和合同约定的各项内容,建设单位取得政府有关主管部门(或其委托机构)出具的工程施工质量、消防、规划、环保、城建等验收文件或准许使用文件后,组织工程竣工验收并编制完成工程竣工验收报告。竣工验收是投资成果转入生产或使用的标志,也是全面考核基本建设成果、检验设计和工程质量的重要环节。

9.后评价阶段

后评价阶段是国家对一些重大建设项目在竣工验收若干年后所进行的一种系统而又客观的分析评价,以确定项目的目标、目的、效果和效益的实现程度。这主要是为了总结项目建设成功和失败的经验教训,供以后项目决策借鉴。

**(二)施工程序**

建筑工程施工程序是拟建项目在整个施工阶段中必须遵循的先后顺序。施工程序反映了整个施工阶段所遵循的客观规律。一般包括以下几个阶段。

1.承接施工任务

施工单位承接施工任务的方式一般有两种:投标或议标。不论采用哪种方式承接任务,施工单位都要检查施工项目是否有批准的正式文件,是否列入年度基本建设计划,资金是否已经落实等。

2.签订施工合同

通过投标获得施工任务后,施工单位和建设单位根据法律、法规和相应的规范、标准签订施工合同。施工合同应规定承包的内容、要求、工期、质量、造价及材料供应等,明确合同双方应承担的权利和义务。施工合同双方法人代表签字后具有法律效力,必须共同遵守。

3. 做好施工准备，提出开工报告

签订施工合同后，施工单位全面展开施工准备工作。首先调查收集资料，进行现场勘察，熟悉图纸，编制施工组织设计，然后根据批准后的施工组织设计，施工单位与建设单位密切配合，落实各项施工准备工作。具备开工条件后，提出开工报告，申请开工。

4. 组织施工

施工单位按照施工图和施工组织设计开始施工。一方面，应从施工现场全局出发，加强各单位、各部门的配合与协作，协调解决各方面的问题，使施工活动顺利开展；另一方面，应加强技术、质量、安全、进度等各项管理，严格执行技术标准和规范，保证工程质量。

5. 竣工验收，交付生产使用

竣工验收是施工的最后阶段。在竣工验收前，先由监理单位组织进行预验收，检查各分部分项工程的施工质量，各项交工验收的工程档案资料是否符合要求。若存在问题，则按要求限期整改。在此基础上，由建设单位组织正式竣工验收，经有关部门验收合格后，办理验收手续，交付使用①。

# 第三节 公路桥梁施工组织设计概述

随着城镇化进程的加快，我国公路桥梁建设取得了显著成效。随着公路桥梁建设在全国公路建设工程中的占比不断增大，一些桥梁施工安全问题也受到了广泛重视。公路桥梁施工建设质量问题一直是社会关注的焦点，建设的质量将直接关系到人们的出行安全，因此，在实际建设中，公路桥梁的施工建设质量必须得到重视。而公路桥梁施工的组织设计及其施工管控作为公路桥梁施工的一项重点工作，应对

①王小靖. 公路工程施工技术[M]. 北京：中国原子能出版社，2017.

其进行严格管理,以提升公路桥梁施工质量。

## 一、公路施工组织设计概述

在工程建设项目中,施工组织和管理工作需要面临各种复杂的因素,公路建设的质量也直接受到施工组织和管理效果的影响,所以,应当提高施工组织设计水平,加强对施工过程的管理,从而降低投资成本,提升公路建设的经济效益,保证交通的安全性和可靠性。

### (一)公路施工组织设计的作用

公路施工组织设计是对公路施工活动实行科学管理的重要手段,它具有战略部署和战术安排的双重作用,体现在以下方面:公路施工组织设计体现了实现基本建设计划和设计的要求,提供了各阶段的施工准备工作内容。协调施工过程中各施工单位、各施工工程、各项资源之间的相互关系。通过施工组织措施,可以保证拟建工程的特定条件,拟订施工方案,确定施工顺序、施工方法、技术组织措施,以确保拟建工程按照预定工期完成。可以在开工前了解到所需的各项资源的数量及其使用的先后顺序。合理安排施工现场布置。

因此,施工组织设计应从施工全局出发,充分反映客观实际,符合国家或合同要求,统筹安排施工活动有关的各个方面,合理布置施工现场,确保文明、安全、环保施工。

### (二)编制公路施工组织设计的原则

编制公路施工组织设计的原则:符合施工合同或招标文件中有关工程进度、质量、安全、环境保护、造价等方面的要求。不断学习创新,积极开发、使用新技术和新工艺,推广应用新材料和新设备。坚持科学、规范、标准化的施工程序和合理的施工顺序,采用流水施工和网络计划等方法,合理配置资源,合理布置现场,采取季节性施工措施,实现均衡施工,达到合理的经济技术指标。采取技术和管理措施,推广建筑节能和绿色施工,与质量、环境和职业健康安全三个管理体系进行有效结合。

### (三)公路施工组织设计的分类

对于公路工程的施工组织设计按工程规模大小和工程进展秩序,大致可分为三类:施工组织总设计、单位工程施工组织设计和分部(分项)工程施工组织设计。这三类施工组织设计是由大到小,由粗到细的。[①]

1.施工组织总设计

施工组织总设计是以一个建设项目或单项工程为编制对象,用以规划整个拟建工程施工活动的技术经济文件。它是整个建设项目施工任务总的战略性的部署安排,涉及范围较广,内容比较概括。

施工组织总设计的主要内容包括:工程概况、施工部署、施工方案、施工总进度计划、施工准备工作、各项资源需要量计划、施工总平面图、主要技术组织措施及主要技术经济指标等。

2.单位工程施工组织设计

单位工程施工组织设计是以一个单位工程或一个不复杂的单项工程(如一座大中桥、一条隧道等)为对象而编制的。它是根据施工组织总设计的要求和具体条件对拟建工程对象的施工工序所做的战术性部署,内容比较具体、详细。它是在全套施工图设计完成并交底,会审后根据有关资料,由具体承包工程项目技术负责人组织编制。

单位工程施工组织设计的内容一般包括:工程概况、施工方案、施工进度计划、资源需用量计划、施工平面布置图、技术组织措施、技术经济指标等。

3.分部(分项)工程施工组织设计

分部(分项)工程施工组织设计是以某些结构、技术复杂的或缺少施工经验的分部(分项)工程为对象(如基础、上部结构及有特殊要求的临时工程等)而编制的,用以指导和安排该分部(分项)工程施工作业完成。

分部(分项)工程施工组织设计的主要内容包括:施工方法、技术

---

[①]孙永明.桥梁工程[M].成都:电子科技大学出版社,2016.

组织措施、主要施工机具、配合要求、劳动力安排、平面布置及施工进度等。它是编制月、旬作业计划的依据。

施工组织设计按文件编制单位和设计深度不同,可划分为:施工方案、施工组织计划、施工组织设计三种。其中,施工方案是施工组织设计的技术基础,也是现场组织管理的基本对象。施工组织计划为施工企业在承包工程前由设计单位所做的施工过程的安排,是指导施工企业完成施工组织设计的依据。施工组织设计特指施工企业在开工前或施工过程中完成的计划文件,通常称为具有实施性的施工组织文件。它的另一层含义泛指具有指导现场施工组织管理的所有指导性文件。

## 二、公路工程施工组织设计的内容

### (一)公路工程施工组织设计程序

总体的施工组织设计应包括编制依据、工程概况、施工部署、施工进度计划、施工准备、资源配置计划、主要施工方法、施工现场平面布置及主要施工管理措施等基本内容。编制施工组织设计时应遵守一定的程序,按照施工的客观规律,协调和处理好各个影响因素的关系,用科学的方法进行编制。

### (二)公路施工组织设计的过程

1.调查研究,收集并分析资料

在传统的融资模式中,由于设计方、施工方为两个利益不同的主体,因此,调查研究工作分为两个主要方面:一是为编制设计阶段的施工组织计划所进行的调查活动,主要是为满足勘察设计需要进行的野外调查和工程施工范围内的现场条件、工程地质、水文地质、气象等自然条件;与工程有关的资源供应情况的调查,调查的主体为设计单位,调查的结果作为编制施工组织计划和概预算的依据。二是为编制施工阶段的施工组织设计所进行的调查活动。它是在设计资料的基础上,对设计资料的复查和结合本企业施工的技术生产能力对相关资料的补充。调查的主体为施工单位,调查的结果作为编制施工组织设计和招标文件中投标标底的依据。

在PPP模式下,公路工程施工组织设计的管理目标不能仅局限于单纯的设计企业或施工企业的利益关系中。因为在PPP模式下,政府部门或地方政府通过政府采购形式与中标单位组成的特殊目的公司的中标建筑公司由施工方的利益体,转变为业主方、设计方、施工方、项目运行管理方的综合利益体。公路施工组织管理的双方应在保障共同利益的前提下,通过精细化管理来提升企业管理水平,采用科学的生产方式,积极开发和使用新技术、新工艺,应用新材料、新设备,从而达到获取共同利益的目的。所以,PPP模式下的调查研究要比传统的调查研究做得更精细。既要有传统的调查内容,又要通过不断的学习,调查行业的新技术、新方法、新工艺、新材料,通过技术创新完善施工技术、方法、工艺、材料来实现企业共同利益的最大化。

2.施工准备、计算工程数量

工程数量的计算应根据设计图纸,结合《公路工程工程量清单计量规范》《公路工程概算定额》《公路工程预算定额》《公路工程施工定额》进行计算。

3.进行施工部署,选择施工方案,确定施工方法

(1)施工总体部署

由于公路工程的施工标段里程较长,为了方便管理,在施工过程中应根据工程的实际情况进行施工的总体部署。对公路工程施工总体部署的内容包括:施工过程组织方法、施工段落的划分、施工队伍的布置。

(2)选择施工方案

施工方案包括的内容很多,主要有:施工方法的确定、施工机具和设备的选择、施工顺序的安排。施工方案一经决定,则整个工程施工的进程、人力和机械的需要与布置、工程质量、施工安全工程成本、现

场的状况等也就随之被确定下来。施工方案的优劣,在很大程度上决定了施工组织设计的质量与施工任务完成的好坏。选择施工方案的基本要求如下:切实可行、施工期限满足业主要求、确保工程质量和施工安全、经济合理、工料消耗和施工费用最低。

（3）确定施工方法

施工方法是施工方案的核心内容,具有决定性作用。施工方法一经确定,机具设备的选择就只能以满足其要求为基本依据,施工组织也在这个基础上进行。因此,确定施工方法应考虑以下四个要求:确定的施工方法必须具备实现的可能性;确定的施工方法考虑对工期的影响,即保证合同工期的要求;确定的施工方法应进行多种可能方案的经济比较,力求降低成本;确定的施工方法能够保证施工质量和安全。

施工方法的确定取决于工程特点、工期要求、施工条件等因素,所以,各种不同类型工程的施工方法有很大差异。对于同一种工程,其施工作业方法也有多种选择。例如,沥青表面处治路面施工,可采用层铺法和拌和法两种;T型梁安装可采用木扒杆、单导梁、架桥机等多种方法;桩基成孔施工可采用人工挖孔、机械钻孔等方法。方法很多,但不管采用何种方法,都将对施工方案产生巨大影响。

4.确定临时生产、生活和工地建设的内容及标准

根据《高速公路施工标准化技术指南》(第1分册,工地建设2012)中对驻地建设的选址条件、建设标准和布局提出了具体要求,对硬件设施、保障措施及施工要素的有效配置等内容做了具体详细规定,着力改善参建单位生产生活的环境。该指南适用于新建、改(扩)建公路项目的工地建设管理,其他等级公路可参照执行。

驻地建设一般包括建设单位驻地、监理单位驻地、施工单位驻地以及工地试验室的建设。驻地建设应体现以人为本的理念,着力改善项目各参建单位的生产、生活环境。驻地建设应因地制宜尽量减少对环境的影响。

（1）驻地选址

选址位置宜靠近工程项目现场的中间位置，应远离地质自然灾害区域，用地合法，周围无塌方、滑坡、落石、泥石流、洪涝等自然灾害隐患，无高频与高压电源及油、气、化工等其他污染源。满足安全、环保、水保的要求，交通、通信便利，水电设施齐全。离集中爆破区500 m以外，不得占用独立大桥下部空间、河道、互通匝道区及规划的取、弃土场。为方便其他人员找寻驻地或拌和场等，在各驻地单位、拌和场、预制场附近主干道应设置指路牌，并统一大小和颜色。

（2）场地建设

场地建设可自建或租用沿线合适的单位或民用房屋，但应坚固、安全、实用、美观，并满足工作生活需求，自建房还应保证安装、拆卸方便且满足环保要求。自建房最低标准为活动板房，建设宜选用阻燃材料，搭建不宜超过两层，每组最多不超过10栋，组与组之间的距离不小于8 m，栋与栋之间的距离不小于4 m，房间净高不低于2.6 m。驻地办公区、生活区应采用集中供暖设施，严禁电力取暖。为节约资源，建设单位宜尽早规划、建设后期营运管理中心，并尽可能利用营运管理中心作为项目建设的驻地。

场地建设宜为独立式庭院，四周设有围墙，有固定出入口。有条件的，可在出入口设置保卫人员。

办公、生活用房建筑面积和场地面积应满足办公和生活需要。办公区、生活区及车辆与机具停放区等布局应科学合理，办公区、生活区等应分区管理，合理规划人车路线，尽可能减少不同区域间的互相干扰。区内场地及主要道路应做硬化处理，排水设施完善，庭院适当绿化，环境优美整洁，生产、生活污水和垃圾应集中处理。

（3）消防设施

驻地内消防设施应满足《建设工程施工现场消防安全技术规范》的有关规定，在适当位置设置临时室外消防水池和消防沙池，配置相应的消防安全标识和消防安全器材,并经常检查、维护、保养。驻地内应设置消防通道,并保证消防道的畅通,禁止在车道上堆物、堆料或挤占消防通道。

（4）电气设备和临时用电

驻地内使用的电气设备和临时用电应符合《施工现场临时用电安全技术规范》的规定,并尽量与营运期永久用电相结合。施工前应编制临时用电方案和临时用电施工组织设计。

（5）污水处理

生活污水排放应进行规划设计,设置多级沉淀池,通过沉淀过滤达到排放标准。厕所污水应通过集中独立管道进入化粪池,封闭处理。

（6）垃圾处理

驻地内应设置一个大型垃圾堆积池,容积不小于 3 m×2 m×1.5 m,将各种垃圾集中分类存放,定期按环保要求处置。

（7）拌和站建设

拌和站建设除满足驻地选址的一般要求外,还应根据工程实际情况集中布置,宜采用封闭式管理,四周设置围墙,入口设置值班室。拌和站应综合考虑施工生产情况,合理划分拌和作业区、材料计量区、材料库、运输车辆停放区、试验区、集料堆放区及生活区,内设洗车池（洗车台）、污水沉淀池和排水系统。生活区应与其他区隔离,生活用房按照"驻地建设"的相关标准建设。

### 三、桥梁施工组织设计的类型和基本内容

桥梁工程在不同阶段编制不同的施工组织设计,设计阶段编制的称为初步施工组织设计,施工开始前编制的称为指导性施工组织设计,施工过程中编制的称为实施性施工组织设计。

### (一)初步施工组织设计

初步施工组织设计由设计单位进行编制。主要内容是结合桥梁

结构设计,制订桥梁施工的轮廓计划,初步拟定施工方法、施工程序和施工时间。结构设计与施工方法密切相关,在设计过程中,必须拟定施工方法和施工程序。不同的施工方法和程序,甚至会影响到结构的设计内力和细部构造。此外,初步施工组织设计还是编制工程总概算的依据。虽然初步施工组织设计不可能编制的很详细、具体,但对控制工程的工期和总投资是很重要的,因此,应力求符合实际。

### (二)指导性施工组织设计

指导性施工组织设计是设计单位在工程施工投标和中标开工前所编制的施工组织设计,主要任务是确定合适的施工方法和施工程序及相应的具体措施,保证在承包合同期内,顺利完成施工任务;适时周密地安排好各项准备工作;采用科学合理的劳动组织形式和先进的管理办法组织施工;编制施工进度计划和劳动力、机具材料的供应计划,做到人力、物力综合平衡调配,力争全年连续、均衡地施工;有效合理地布置施工场地,以方便生产、运输和生活并尽可能节约临时用地,减少临时工程。指导性施工组织设计是组织桥梁施工的总计划,是开展工程施工和各部门工作的依据,也是编制施工预算的主要依据。而预算又是编制施工财务计划的依据,并且是施工过程中进行成本分析的依据。

编制指导性施工组织设计应尽可能符合客观实际。因此,投标时施工单位应根据投标文件的要求,认真研究设计文件,复核现场资料,调查研究工地环境条件,再根据自身的施工条件,编制施工组织设计。中标后工程开工前,应进一步审查、修订,必要时甚至重新编制施工组织设计,以求更加合理。

### (三)实施性施工组织设计

桥梁初步施工组织设计和指导性施工组织设计都是以整个桥梁工程为对象编制的,作用是用来指导施工的全局,集合施工力量,配备机具设备,组织物资材料供应,布设生活及临时设施,建立施工条件,

属于施工组织总设计的类型。

桥梁实施性施工组织设计是以指导性施工组织设计为依据,以某个单位工程或分部工程如基础工程、上部结构工程为对象编制的工程施工组织设计。作用是按指导性施工组织设计所规定的施工方法、施工程序、施工工期及物资供应指标等,分期、分部付诸实施。其内容较指导性施工组织设计更为详细具体。

实施性施工组织设计的内容和要求:制订按工作日程的施工进度计划用来直接指挥施工,计划要制订的具体、详细、形象,同时应当留有余地,以便发生意外情况时,能及时调整计划,避免窝工;根据施工进度计划,计算劳动力机具、材料等日程需要量;在施工进度计划表上,规定出工作班组及机械的作业日程安排和移动路线以及与此相应的材料、机具供应计划;结合工程结构和环境条件,提出具体施工细节,如基坑围堰的修筑、模板安装、混凝土灌筑等采用的施工方法;施工工序的划分、劳动力组织及机具配备,既要适应施工方法的需要,也要能有效地发挥施工班组的工作效率,保证工程质量和施工安全,还要适应实现分项承包和结算的需要。

**四、桥梁施工组织设计的编制**

不同阶段施工组织设计的基本内容是一致的,只是深浅、具体和详细程度不同。桥梁施工组织设计主要包括以下内容:选择和制订施工方案,确定施工方法,编制施工进度计划;编制施工劳动力及施工材料和施工机械设备供应计划;规划施工现场,布置施工现场;编制工程质量保证措施和施工监控措施,编制工地业务的组织规划等。

**(一)施工方案的选择和制订**

选择合理的施工方案是桥梁工程项目施工组织设计的核心。施工方案的优劣是决定工程全局成败的关键,它在很大程度上决定了施工设计的质量。

选择和制订施工方案的基本要求是符合现场实际,切实可行,同时还要做到技术先进,能有效地采用新技术、新材料,确保工程质量和施工安全;工期能够满足合同要求;经济合理,施工费用和工料消耗低。施工方案的主要内容包括:施工方法的确定、施工机具的选择和施工顺序的安排等。

1.施工方法的确定

施工方法是施工方案的核心内容,它将直接影响施工进度、质量安全和工程成本。因此,应根据工程特点、工期要求、施工条件及人力、材料和设备供应情况,结合施工单位的经验,认真比选,慎重确定。例如,基坑施工采用何种围堰,是人工或机械开挖;钻孔桩采用哪种成孔方式;墩台模板采用哪种形式;就地灌筑混凝土梁的脚手架,是采用排架式还是墩架式等。确定施工方法应突出重点,对于施工技术复杂和对工程质量起关键作用的项目以及工人不够熟悉的项目,应详细而具体。而对于一般施工方法和工人熟悉的项目,可适当从简,只提出本项目的特殊要求即可。

确定施工方法时,还应考虑采用的施工方法对结构受力的影响,不仅要拟定出操作过程和方法,更要提出质量要求和技术措施。另外,尚应注意吸收同类工程的先进经验,以达到施工快速经济和优质的目的。

2.施工机械的选择

具有一定规模的桥梁工程施工中,一般都会配备一定数量的起重运输和材料加工等施工机械,以代替繁重的体力劳动,提高生产效率,缩短工期。施工机械的选择,应以满足施工方法的需要为基本依据,但有时施工方法的确定,又取决于施工机械。所以,两者通常需要同时考虑,综合确定。

选择施工机械时,应在满足施工需要的前提下,充分发挥施工单位现有的机械设备能力,必要时可以租赁或购买。在购买机械设备时,既要考虑该工程的使用,也要考虑在今后工程中多次重复使用的可能。

3.施工顺序的安排

施工顺序是指工程施工的先后次序。安排施工顺序的重点是从整个桥梁工程全局出发,根据现场施工条件、水文气象资料、施工机械作业,安排不受固定顺序限制的施工顺序,以求工程顺利开展,保证质量和施工安全,缩短工期。例如,根据工程规模大小和工期要求,是否需要两岸同时进行施工;考虑到雨季和洪水影响,水中基础安排在什么时间施工;混凝土工程能否尽可能避开冬季施工;如何减少工人和机械的停歇时间,加快施工进度等。

## (二)施工进度计划的编制

施工进度计划是施工组织设计中最主要的组成部分。它是在已确定的施工方案和施工顺序基础上编制的,以图表形式表明工程从施工准备开始,直至工程竣工为止的全部施工过程,在时间和空间上的安排以及各工序间的衔接关系。

施工进度计划的主要作用在于:统筹全局,合理部署人力、物力;正确指导全部施工活动,控制施工进度;为编制季度、月度生产作业计划,确定劳动和各种物质需要量计划提供依据。

1.施工进度计划编制的方法

熟悉和审核施工设计文件和有关技术经济资料,深入分析工程内容和施工条件。划分施工项目,一般可按临时工程、墩梁工程和其他附属工程进行。对于规模较大的工程,分项应详细具体,以利组织施工。计算各施工项目的主要工程数量,如挖基土、石方工程、模板工程、钢筋混凝土工程、构件预制和安装工程等。这些工程数量,可由设计图获取。工程数量在计算时,应采用与相应定额一致的单位。根据现行的定额规定,计算确定各施工项目所需要的劳动量(工天数)、各种主要材料用量、机械台班需要量和工作持续时间等。确定施工顺序和程序,设计并绘制施工进度计划图。施工进度计划图应反映各分项工程的工程数量、施工天数、施工时间和劳动安排。设计、绘制施工进度计划是一个复杂的过程,一般在初步方案编制完成后,应当检查施工顺序是否合理,劳动力和机械的使用是否均衡,发现问题应进行调整。然后再检查再调整,反复多次直到满意为止。

2.劳动力、材料和机械设备计划的编制

桥梁施工进度计划编制完成后,可根据施工顺序和各工序持续时间,编制出劳动力、材料和施工机械调配和供应计划,作为有关职能部门按计划调配的依据,以保证工程施工顺利进行。

(1)劳动力调配计划

将施工进度计划表内各施工过程中所需的劳动力数量,按月进行叠加即可得到全桥劳动力的使用数量曲线。该曲线图通常与施工进度计划图绘在一起。劳动力调配要求均衡,一般在开始阶段需要为少量工人做准备。以后随着工程的进展,工人人数陆续增加,达到高峰,并保持一段时间。然后,分批减少,最后只有少量工人进行收尾工作。应避免工人数量骤增骤减的情况。否则会增加劳动力调遣费,增多施工工具设备和增加施工管理费。

劳动力需要量计划是根据施工进度计划,对各个分部每天出勤施工的人员,分工种(技工,普工)进行统计,得出每天所需工种及人员。

(2)主要材料需要量计划

材料需要量计划是材料供应和材料采购的依据,并可作为确定仓库、堆场面积和组织运输之用。材料计划编制的依据是施工进度计划中各分项的工程数量和预算定额。材料计划用表格形式表现,内容应包括材料名称、规格和时间等。

全桥材料需要量计划及分月供应计划中,应编制出水泥、钢筋和木材等分月用量表。材料需要量计划和供应计划是保证工程施工顺利进行,降低工程成本的关键,应当认真做好不可大意。不可因材料供应不及时而窝工,甚至延误工期,因此要提前储运,留有余地。特别是稀缺材料,更应早日落实。当然,材料储备数量应适当,不宜超量存储。

(3)施工机械供应计划

应当根据施工方案和施工机械台班数的计算以及施工进度计划,确定施工机械类型、数量和进场时间。一般是把施工进度计划中各施工顺序每天需要的机械类型、数量和施工日期统计汇总,从而得到施工机械需要量计划。

# 第二章 公路桥梁施工组织原理

公路桥梁施工组织原理主要包含公路桥梁流水施工原理和公路桥梁网络计划原理两大类。

## 第一节 公路桥梁流水施工原理

流水施工是指所有的施工过程按一定的时间间隔依次投入施工，各个施工过程陆续开工，陆续竣工，使同一施工过程的施工班组保持连续、均衡，不同施工过程尽可能平行搭接施工的组织方式。流水施工符合工艺流程，组织紧凑，有利于专业化施工，是现代化工业产品生产的基本组织形式。采用流水作业法施工，总工期比平行作业法有所延长，但劳动力得到了充分合理地利用，在整个施工期内显得均衡一致。如果再考虑到机具和材料的供应与使用，附属企业生产的稳定以及工程质量、工效的提高等因素，则流水作业法施工的优点更为明显。

### 一、流水施工的特点

流水施工的实质在于把劳动对象的施工过程划分为若干工序或操作过程，每个工序或操作过程分别由按工艺原则建立的专业班组来完成。把一个劳动对象尽可能地划分为劳动量大致相等的若干施工段。各个作业班组按照一定的施工顺序，携带必要的机具，依次、连续地由一个施工段转移到另一个施工段，反复完成同类工作。不同工种或同种作业班组完成工作的时间尽可能地相互衔接起来。

　　流水施工法的特点是生产的连续性和均衡性,因此可使各种物质资源均衡地得到使用,使建筑机构及其附属企业的生产能力得到充分发挥,劳动力得到合理地安排和使用,从而带来较好的经济效果。

　　流水施工法的特点主要表现在以下几个方面:消除了工作的时间间歇,避免施工期间劳动力的过分集中,从而减少临时设施工程量,节约基建投资。由于实行工程队(组)生产专业化,为工人提高技术水平和进行技术改造革新,创造了有利条件,促进劳动生产率和工程质量的不断提高。在采用流水施工方法时,单位时间内完成的工程数量,对于机械操作过程是按照主导机械的生产率来确定的;对于手工操作过程是以合理的劳动组织为依据确定的,可以保证施工机械和劳动力得到充分利用。由于工期缩短,劳动生产率提高,劳动力和物质消耗均衡,可以降低工程的间接费用。同时由于各种资源得到充分的利用,也减少了各种不必要的损失,可以降低工程的直接费用。

　　必须指出,流水施工法只是一种组织措施,它可以在施工中带来很好的经济效果,而不要求增加任何的补充费用。现代的公路建筑业沿着建筑工业化的道路发展,如建筑设计标准化、建筑结构装配化、构件生产工厂化、施工过程机械化、建筑机构专业化和施工管理科学化。这些方面是密切联系,互为条件的,既是实现公路建筑工业化必不可少的重要措施,也是公路施工企业进行现代化建设的重要手段。

## 二、流水施工的主要参数

　　为了说明流水施工在时间和空间上的开展情况,我们必须引入一些"量"的描述,这些"量"称为流水参数。按参数性质不同,可以分为以下三类。

### (一)工艺参数

1.施工过程数($n$)

　　根据具体情况,可把一个综合的施工过程划分为若干具有独立工艺特点的个别施工过程,如制造建筑制品而进行的制备类施工过程,把材料和制品运到工地仓库或再转运到施工现场的运输类施工过程以及在施工中占主要地位的安装砌筑类施工过程。划分的数量称为施工过程数(工序数)。由于每一个施工过程一般由专业班组承担,故施工班组(队)数等于施工过程数($n$)。

施工过程数要根据构造物的复杂程度和施工方法来确定,太多、太细都会给计算增添麻烦,在施工进度计划上也会导致主次不分的缺点;太少则会使计划过于笼统,而失去指导施工的作用。

2.流水强度($V$)

流水强度又称流水能力、生产能力,每一施工过程在单位时间内所完成的工程量叫流水强度。如浇捣混凝土时,每工作班浇捣的混凝土的数量。

(1)机械施工过程的流水强度

机械施工过程的流水强度按式2-1计算:

$$V = \sum_{i=1}^{x} R_i \cdot C_i \qquad (2-1)$$

式2-1中:

$R_i$——某种施工机械台数;

$C_i$——该种施工机械台班生产率(即台班产量定额);

$x$——用于同一施工过程的主导施工机械种数。

(2)手工操作过程的流水强度

手工操作过程的流水强度按式2-2计算:

$$V = R \cdot C \qquad (2-2)$$

式2-2中:

$R$——每一工作队人数($R$应小于工作面上允许容纳的最多人数);

$C$——每一工人每班产量(即劳动产量定额)。

**(二)时间参数**

1.流水节拍($t_i$)

流水节拍是某个施工过程(或作业班组)在某个施工段上的持续

时间。它的大小关系着投入的劳动力、机械和材料量的多少,决定着施工的速度和节奏。通常有两种确定方法:一种是根据工期要求来确定;另一种是根据现有能投入的资源(劳动力、机械台班数和材料量)来确定。流水节拍按下式2-3计算:

$$t_i = \frac{Q_i}{CR} = \frac{P_i}{R} \qquad (2-3)$$

式2-3中:

$Q_i$——某施工段的工作量;

$C$——每一工日(或台班)的计划产量(产量定额);

$R$——施工人数(或机械台数);

$P_i$——每一施工段所需要的劳动量(或机械台班量)。

2.流水步距($B_{ij}$)

两个相邻的施工队(组)先后进入第一个施工段进行流水施工的时间间隔,叫流水步距。其数目取决于参加流水的施工过程数,如施工过程数为 $n$,则流水步距的总数为($n-1$)。

确定流水步距的基本要求:始终保持两个施工过程的先后工艺顺序;保持各施工过程的连续作业;做到前后两个施工过程施工时间的最大搭接;流水步距与流水节拍保持一定关系,它应满足一定的施工工艺、组织条件及质量要求。例如,钻孔灌注桩工程,必须保证钻孔与灌注混凝土两道工序紧密衔接,以防止塌孔[①]。

### (三)空间参数

1.工作面($A$)

工作面是表明施工对象上可能安置一定工人操作或布置施工机械的空间大小,所以工作面是用来反映施工过程(工人操作、机械布置)在空间上布置的可能性。在确定一个施工过程必要的工作面时,不仅要考虑前一施工过程为这个施工过程可能提供的工作面大小,也

---

①唐青青. 公路桥梁施工组织设计和施工管理初探[J]. 建筑工程技术与设计,2019 (36):1940.

要遵守安全技术和施工技术规范的规定。

**2.施工段数($m$)**

在组织流水施工时,通常把施工对象划分为所需劳动量大致相等的若干段,这些段就叫施工段。每一施工段在某一时间内只供一个施工队完成其承担的施工过程。施工段的数目用$m$表示。

在划分施工段时,应考虑以下几点:施工段的分界同施工对象的结构界限(温度缝、沉降缝和单元尺寸等)取得一致;各施工段上所消耗的劳动量大致相等;每段要有足够的工作面,使工人操作方便,既有利于提高工效,又能保证施工安全;划分段数的多少,应考虑机械使用效能、工人的劳动组合、材料供应情况、施工规模大小等因素。

### 三、流水施工类型及总工期

由于受工程构造物的复杂程度不同,所处的具体位置多变以及工程性质各异等因素的影响,流水施工的组织可分为有节拍流水和无节拍流水。其中有节拍流水又分为全等节拍流水、成倍节拍流水和分别流水。

### (一)有节拍流水

**1.全等节拍流水**

所谓全等节拍流水,是指各施工过程的流水节拍$t_i$与相邻施工过程之间的流水步距$B_{ij}$完全相等的流水施工,即$t_i = B_{ij} = $常数,即各专业施工队在所有施工段上的作业时间均相等。

**2.成倍节拍流水**

当各施工过程的流水节拍彼此不相等,但有互成倍数的常数关系时,如仍按全等节拍流水组织施工,则会造成施工队窝工或作业面间歇,从而导致总工期延长。此时,为了使各施工队仍能连续、均衡地依次在各施工段上施工,应按成倍节拍流水组织施工。

**3.分别流水**

所谓分别流水是指各施工过程的流水节拍各自保持不变($t_i = $常

数),但不存在最大公约数,流水步距$B_{ij}$也是一个变数的流水作业。组织分别流水施工时,首先应保证各施工过程本身均衡而不间断地进行,然后将各施工过程彼此搭接协调。也就是说,既要避免各施工过程之间发生矛盾,也要尽可能减少作业面的间隙时间,使整个施工安排保持最大程度的紧凑,以达到缩短工期的目的。由于流水步距是个变数,因此必须个别确定,这对各施工过程的相互配合和正确搭接是一个很重要的参数。

### (二)无节拍流水

对于道路工程施工来说,沿线工程量的分布都是不均匀的,而大、中型桥梁或路基土石方的高填深挖,又为集中型工程,实际上各专业施工队在机具和劳动力固定的条件下,流水作业速度不可能保持一致,即各施工段上同一施工过程的流水节拍无法相等。也就是说,在组织流水施工时,$t_i \neq$常数,$B \neq$常数,$t_i \neq B$,也非整数倍。

对于以上情况,只能按照无节拍流水组织施工。基本的组织方法是统一控制整个工程的总平均速度,再按分别流水的原则处理各施工过程的搭接关系。无节拍流水的各个参数以及总工期的确定,都必须通过对专业施工队逐个落实,反复调整,才能得到满意的结果。

# 第二节 公路桥梁施工网络计划原理

网络计划技术是利用网络图形来表示一项计划(或工程)中各项工作的开展顺序及其相互之间的关系,通过对网络图进行时间参数的计算,找出计划中的关键工作和关键线路。通过不断改进网络计划,寻求最优方案,以求在计划执行过程中对计划进行有效的控制与监督,保证合理地使用人力、物力和财力,以最小的消耗取得最大的经济效果。

### 一、公路桥梁施工网络计划原理概述

网络计划技术的最早提出时间是 17 世纪,图论是网络计划技术的理论基础。网络计划技术是一种科学的计划管理方法,由于它符合统筹兼顾的思想,因此,1965 年华罗庚教授将此方法介绍到我国时,将其概括为统筹法。现在,我们称之为网络计划技术。

对于一个复杂的工程项目,必须将工程项目的全部作业具体形象化,并按适当顺序加以安排,形成进度计划,从而对工程实行控制,达到预期目标。传统进度计划的表达方法是横道图法。随着科学技术的不断进步和公路桥梁建设规模的日益扩大,要求计划、生产管理的方法也必须科学化和现代化。这样,为了适应现代化生产的组织管理和科学研究的需要,网络计划技术应运而生。

#### (一)网络计划技术在工程中的应用

1956 年,美国的杜邦·奈莫斯公司的摩根·沃克为寻求充分利用公司计算机的方法,与赖明顿·兰德公司内部建筑计划小组的詹姆斯·E·凯利合作,开发了一种面向计算机描述工程项目的合理安排进度计划的方法,最初称之为沃克·凯利法,后来称为关键线路法。并于 1957 年将其用于建造一个价值 1000 万美元的化工厂计划,使整个工程的工期缩短 4 个月。后来,杜邦公司又将其用于设备维修,使原来因大修需停工 125 小时的工程缩短到只需停工 74 小时,一年就节省 100 万美元。从此,关键线路法得以广泛应用。

1958 年,美国海军特种计划局为了开发宇宙空间和军备竞赛的需要,在进行研究北极星导弹潜艇计划(包含几十亿个管理项目,250 个承包商和 9000 多个转包商参加的大型工程项目)时,又研究创造出一种网络计划方法,即计划评审技术。不仅有效地控制了计划,协调了各方面关系,而且提前两年多完成了任务,并在成本控制上取得显著效果,这一技术因此得以推广。

稍后的一种方法是搭接网络计划法和图形评审技术。随着电子

计算机技术的突飞猛进,边缘学科的不断发展,应用领域的不断拓宽,又产生多种网络计划技术。如决策网络计划法、风险评审技术、仿真网络计划法和流水网络计划法等,使得网络计划技术作为一种现代计划管理方法,广泛应用于工业、农业、建筑业、国防和科学研究各个领域。

网络计划技术由华罗庚教授介绍到我国后,在20世纪70年代后期得到广泛的重视和研究,取得了一定的效果。随着电子计算机的普及,网络计划技术必将取代横道图,在我国工程施工管理中作为编制建筑安装工程生产计划的一种有效方法。

**(二)网络计划技术的基本概念**

网络计划技术通过不断的发展,逐渐得到了世界各国的公认,广泛应用在工业、农业等领域,在国防和科研计划与管理无识别结果领域,网络计划技术的应用尤为广泛,称为"工程网络计划技术"。

网络计划技术的基本模型是网络图。网络图是指由箭线和节点组成的,用来表示工作流程的有限、有向、有序网络图形。网络计划是"用网络图表达任务构成、工作顺序,并加注工作时间参数的进度计划"。

网络计划与横道计划相比,具有以下优点:网络图把施工过程中的各有关工作组成了一个有机整体,能全面而明确地表达出各项工作开展的先后顺序和相互制约和依赖的关系;能进行各种时间参数的计算;可以在名目繁多、错综复杂的计划中找出决定工程进度的关键工作,便于计划管理者集中力量抓主要矛盾,确保工期,避免盲目施工;通过优化,能够从许多可行方案中,选出最优方案;在计划的执行过程中,某工作发生推迟或者提前完成时,可以预见到它对整个计划的影响程度,而且能根据变化的情况迅速进行调整,保证自始至终对计划进行有效的控制与监督;利用网络计划中反映出的各项工作的时间储备,可以更好地调配人力、物力,以达到降低成本的目的;可以利用电子计算机进行时间参数计算、优化和调整。它的出现与发展使现代化的计算机在建筑施工计划管理中得以更广泛的应用。

网络计划技术可以为施工管理提供许多信息，有利于加强施工管理，既是一种编制计划的方法，又是一种科学的管理方法。它有助于管理人员全面了解、重点掌握、灵活安排、合理组织、多快好省地完成计划任务，不断提高管理水平。

但是，网络计划如果不利用计算机进行计划时间的参数计算、优化和调整，可能因实际计算量大，调整复杂，对于无时标网络图，在计算劳动力、资源消耗量时，相对横道图较为困难。此外，也不像横道图那样易学易懂，它对计划人员的素质要求较高。因此，网络计划的推广应用，在计算机未普及使用、管理人员素质较低的施工企业，受到了一定的制约。

### （三）网络计划技术的基本原理

网络计划技术的基本原理是用网络计划对任务的工作进度进行安排和控制，以保证实现预定目标的科学计划管理技术。需要说明的是，这里所说的任务是指计划所承担的有规定目标及约束条件（时间、资源、成本、质量等）的工作总和，如规定工期和投资额的一个工程项目即可称为一项任务。

在工程施工计划管理中，可以将网络计划技术的基本原理归纳为：把一项工程的全部建造过程分解为若干项工作，并按其开展顺序和相互制约、相互依赖的关系，绘制出网络图。进行时间参数计算，找出关键工作和关键线路。利用最优化原理，改进初始方案，寻求最优网络计划方案。在网络计划执行过程中，进行有效监督与控制，以最少的消耗获得最佳的经济效果[①]。

### （四）网络计划的分类

按照不同的分类原则，可以将网络计划分成不同类别。

---

①魏建明. 公路施工技术与管理[M]. 北京：人民交通出版社，2010.

1.按性质分类

（1）肯定型网络计划

肯定型网络计划是指工作与工作之间的逻辑关系以及工作持续时间都肯定的网络计划。在这种网络计划中，各项工作的持续时间都是确定的单一的数值，整个网络计划有确定的计划总工期。

（2）非肯定型网络计划

非肯定型网络计划是指工作与工作之间的逻辑关系和工作持续时间三者中一项或多项不肯定的网络计划。在这种网络计划中，各项工作的持续时间只能按概率方法确定出三个值，整个网络计划无确定计划总工期。计划评审技术和图示评审技术就属于非肯定型网络计划。

2.按表示方法分类

（1）单代号网络计划

以单代号表示法绘制的网络计划。网络图中，每个节点表示一项工作，箭杆仅用来表示各项工作间相互制约、相互依赖关系，如图示评审技术和决策网络计划就是采用的单代号网络计划。

（2）双代号网络计划

双代号网络计划是以双代号表示法绘制的网络计划。网络图中，箭杆用来表示工作。目前，施工企业多采用这种网络计划。

3.按目标分类

（1）单目标网络计划

单目标网络计划是指只有一个终点节点的网络计划，即网络图只具有一个最终目标。如一个建筑物的施工进度计划只具有一个工期目标的网络计划。

（2）多目标网络计划

多目标网络计划是指终点节点不止一个的网络计划，此种网络计划具有若干个独立的最终目标。

4.按有无时间坐标分类

（1）时标网络计划

时标网络计划是指以时间坐标为尺度绘制的网络计划。网络图中，每项工作箭杆的水平投影长度与其持续时间成正比。如编制资源优化的网络计划即为时标网络计划。

（2）非时标网络计划

非时标网络计划是指不按时间坐标绘制的网络计划。网络图中，工作箭杆长度与持续时间无关，可按需要绘制。通常绘制的网络计划都是非时标网络计划。

5.按层次分类

（1）综合网络计划

综合网络计划是指以整个计划任务为对象编制的网络计划，如群体网络计划或单项工程网络计划。

（2）单位工程网络计划

单位工程网络计划是指以一个单位工程或单体工程为对象编制的网络计划。

（3）局部网络计划

局部网络计划是指以计划任务的某一部分为对象编制的网络计划，如分部工程网络图。

## （五）网络计划技术在项目管理中的应用程序

1.准备阶段

（1）确定网络计划目标

在编制网络计划时，首先应根据需要选择确定网络计划的目标。常见的有以下几种目标:时间目标、时间—资源目标、时间—成本目标。

（2）调查研究

为了使网络计划科学而切合实际，计划编制人员应通过调查研究，拥有足够的、准确的各种资料。其调查研究的内容主要包括:①项目有关的工作任务、实施条件、设计数据等资料。②有关定额、规程、标准、制度等。③资源需求和供应情况。④有关经验、统计资料和历史资料。⑤其他有关技术经济资料。

调查研究可使用以下几种方法：实际观察、测量与询问；会议调查；查阅资料；计算机检索；信息传递；分析预测。通过对调查的资料进行综合分析研究，就可掌握项目全貌及其间的相互关系，从而预测项目的发展和变化规律。

（3）工作方案设计

在计划目标已确定和调查研究的基础上，就可进行工作方案设计，其主要内容包括：①确定施工（生产）顺序。②确定施工（生产）方法。③选择需用的机械设备。④确定重要的技术政策或组织原则。⑤对施工中的关键问题的技术和组织措施的制定。⑥确定采用网络图的类型。

在进行工作方案设计时，应遵循以下几项基本要求：①尽可能减少不必要的步骤，在工序分析基础上，寻求最佳程序。②工艺应达到技术要求，并保证质量和安全。③尽量采用先进技术和先进经验。④组织管理分工合理、职责明确，充分调动全员积极性。

2.绘制网络图

（1）项目分解

根据网络计划的管理要求和编制需要，确定项目分解的粗细程度，将项目分解为网络计划的基本组成单元——工作。

（2）逻辑关系分析

逻辑关系分析就是确定各项工作开始的顺序、相互依赖和相互制约关系，是绘制网络图的基础。在逻辑关系分析时，主要应分析清楚工艺关系和组织关系两类逻辑关系，列出项目分解和逻辑关系表，不同类型的网络计划，其表格形式和内容也不完全相同。

（3）绘制网络图

根据所选定的网络计划类型以及项目分解和逻辑关系表，就可进行网络图的绘制。

3.时间参数计算

按照网络计划的不同类型，根据相应的方法，即可计算出所绘网络图的各项时间参数，并确定出关键线路。

4.编制可行网络计划

（1）检查与调整

上述网络计划时间参数计算完后，应检查工期是否符合要求；资源配置是否符合资源供应条件；成本控制是否符合要求。如果工期不满足要求，则应采取适当措施压缩关键工作的持续时间，如仍不能满足要求时，则需对工作方案的组织关系进行调整；当资源强度超过供应可能时，则应调整非关键工作使资源降低。在总时差允许范围内，在工艺允许前提下，灵活安排非关键工作，如延长其持续时间、改变开始及完成时间或间断进行。

（2）编制可行网络计划

对网络计划进行检查与调整之后，必须计算时间参数。根据调整后的网络图和时间参数，重新绘制网络计划——可行网络计划。

**二、网络计划优化**

网络计划的优化，是指在满足既定约束条件下，利用优化原理，按选定目标（工期、费用、资源等），通过不断改进网络计划的初始方案，寻求最优方案。由于网络计划一般是用于大中型工程项目的计划，其施工过程和节点数目较多，在寻求最优方案过程中，需进行大量的计算，因而要实现网络的优化，有效地指导实际工程，必须借助计算机。

按照网络计划的优化目标，网络计划优化的内容包括：工期优化、费用优化、资源优化。其中资源优化分为"资源有限的条件下，寻求工期最短"和"工期固定的条件下，寻求资源均衡"。

### （一）工期优化

工期优化是指在一定约束条件下，按合同工期目标，通过延长或缩短计算工期以达到合同工期的要求。目的是使网络计划满足工期，保证按期完成工程任务。当网络计划计算工期不能满足要求工期时，即计算工期小于或等于要求工期，或者计算工期大于要求工期时，就需要进行工期优化。

1.计算工期小于或等于合同工期

如果计算工期小于合同工期差距不大或两者相等，一般不必优化。

如果计算工期小于合同工期较多，则宜优化。优化方法是延长关键工作中资源占用量大或直接费用高的工作持续时间（相应减少其资源需用量），重新计算各工作计算参数，反复多次进行，直至满足合同要求工期为止。

2.计算工期大于合同工期

当计算工期大于要求工期时，也就是说，关键线路的线路持续时间大于合同要求工期，可通过压缩关键工作的持续时间来达到优化目标。由于关键线路的缩短，非关键线路可能转化为关键线路。当优化过程中出现多条关键线路时，必须同时压缩各条关键线路的持续时间，才能有效地将工期缩短，直至满足合同工期要求。

工期优化计算，应按下述步骤进行：第一，计算初始网络计划的计算工期，找出关键线路及关键工作。第二，按要求工期计算应缩短的时间（计算工期与合同工期对比）。第三，确定各关键工作能缩短的作业时间。第四，选择关键工作、压缩其持续时间，并重新计算网络计划的工期。若被压缩的工作变成了非关键工作，则应将其持续时间延长，使之仍为关键工作。第五，若计算工期仍超过要求工期，则重复以上步骤，直到满足工期要求。第六，当所有关键工作已达到最短持续时间而寻求不到持续压缩工期的方案，但工期仍不满足要求工期时，应对计划的原技术、组织方案进行调整，或对要求工期进行重新审定。

### (二)费用优化

费用优化又称工期—费用优化,它是以满足工期要求的最低施工费用为目标的施工计划方案的调整过程。通常在寻求网络计划的最佳工期大于规定的工期或在执行计划时需要加快施工进度时,需进行工期—成本优化。费用优化是寻求最低成本时的最短工期安排,或按要求工期寻求最低成本的计划安排过程。

1. 费用与工期的关系

工程项目的总成本由工程直接费和间接费组成。工程直接费是工程的直接成本,包括人工费、材料费、机械台班使用费和现场相关费用。间接费是与施工单位的管理水平、施工条件、施工组织措施等有关的费用。

工期与费用的关系如图2-1所示。从图中可以看出,缩短工期会引起直接费的增加和间接费的减少,延长工期会引起直接费的减少和间接费的增加。费用优化寻找的目标是直接费和间接费总和(工程总费用)最小时的工期,即最优工期。

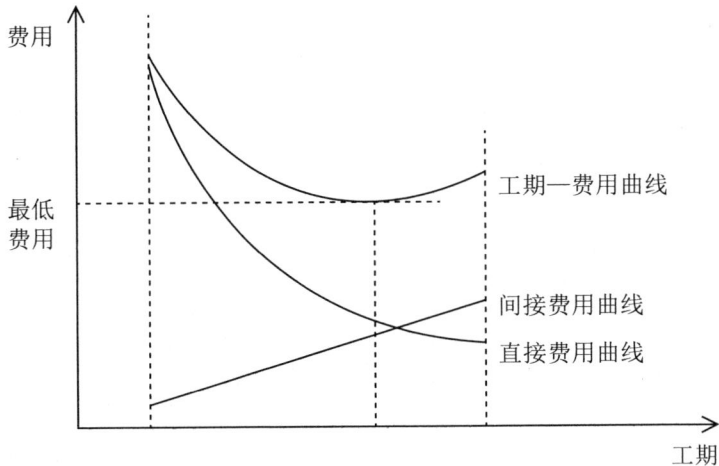

图2-1 工期与费用的关系曲线

工作持续时间与直接费的关系如图2-2所示。在一定的工作持续时间范围内,工作的持续时间同直接费成反比关系,图中正常点对应的时间称为工作的正常持续时间。工作的正常持续时间一般是指在符合施工顺序、合理的劳动组织和满足工作面要求的条件下,完成某项工作投入的人力和物力较少,相应的直接费用最低时所对应的持续时间就是该工作的正常持续时间。若持续时间超过此限值,工作持续时间与直接费的关系将变为正比关系。

图中临界点对应的时间称为工作的最短持续时间,工作的最短持续时间一般是指在符合施工顺序、合理劳动组织和满足工作面施工的条件下,完成某项工作投入的人力、物力过多,相应的直接费很高时所对应的持续时间。若持续时间短于此限值,投入的人力、物力再多,工期缩短也很少,而直接费则猛增。

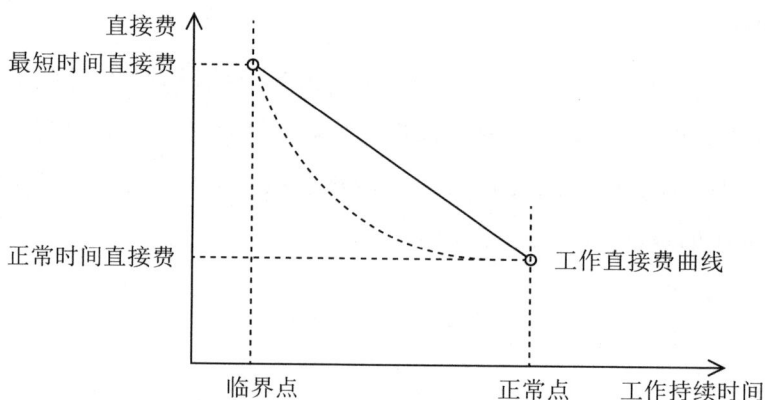

图2-2  工作持续时间同直接费的关系曲线

由临界点至正常点所确定的时间区段,称为完成某项工作的合理持续时间范围,在此区段内,工作持续时间同直接费呈反比关系。连接临界点与正常点的曲线,称为费用曲线。为计算方便,可近似地将它假定为一直线。我们把因缩短工作持续时间每一单位时间所需增加的直接费,称为直接费变化率。

2.优化的方法和步骤

费用优化的基本方法是不断地从时间和费用的关系中,找出能使工期缩短且直接费用增加最少的工作,缩短其持续时间,同时考虑间接费用增加,即可求得工程成本最低时的相应最优工期,和工期一定时相应的最低工程成本。

工期—成本优化的具体步骤如下：第一，计算工程总直接费，工程总直接费等于组成该工程的全部工作的直接费之和。第二，计算各项工作的直接费变化率。第三，确定出间接费的费用率。第四，找出网络计划中的关键线路并求出计算工期。第五，在网络计划中找出直接费变化率或组合费用率最低的一项关键工作或一组关键工作，作为缩短持续时间的对象。第六，压缩被选择的关键工作（或一组关键工作）的持续时间，其压缩值必须保证所在的关键线路仍然为关键线路，同时压缩后的工作持续时间不能小于最短工作持续时间。第七，计算相应的费用增加值和总费用值。

### （三）资源优化

资源是指为完成工程任务所需的劳动力、材料、机械设备和资金等的统称。工期优化和费用优化都是假设在资源供应充足的条件下进行的。而实际情况则是经常会受到资源供应的限制。一项工程任务的完成，所需资源总量基本是不变的，不可能通过资源优化将其减少，但可以通过资源优化使其趋于均衡。资源优化就是通过改变工作的实施时间，使资源按时间的分布能够符合优化目标。

1.资源有限—工期最短的优化

资源有限—工期最短的优化是调整计划安排，以满足资源限制条件，寻求工期最短的过程。

（1）优化的前提条件

优化过程中不得改变原网络计划的逻辑关系。优化过程中网络计划的各工作持续时间不变。除规定可中断的工作外，一般不允许中断工作，应保持其连续性。各工作每天的资源需要量是均衡、合理的，在优化过程中不能改变。

（2）资源动态曲线的绘制及特征

资源动态曲线绘制在时标网络图的下方，一般为阶梯形，用来表示时标网络图中某一时间的资源消耗情况。如果移动网络图中任何一项工作的开始和结束时间,都会使资源动态曲线发生变化。资源动态曲线如图2-3所示。

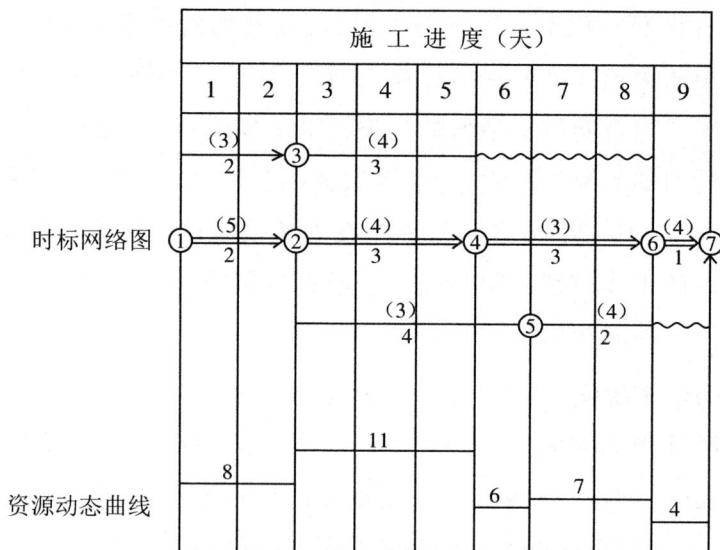

图2-3  时标网络图及资源动态曲线

（3）优化步骤

资源有限—工期最短的优化步骤如下:计算网络计划的资源需用量,绘制资源动态曲线。从计划开始之日起,逐个检查每一时间资源需用量是否超过资源限值。找出首先出现超过资源限值的时段,进行优化调整。分析超过资源限量的时段,按本时段内各工作的调整对工期的影响安排优化顺序。顺序安排的选择标准是工期延长时间最短。当调整一项工作的最早开始时间后仍不能满足要求,就应按顺序继续调整其他工作。绘制调整后的网络计划,重复以上步骤,直至满足要求。

2.工期固定—资源均衡的优化

工期固定—资源均衡的优化是调整计划安排,在保持合同工期不变的条件下,使资源需用量尽可能趋于均衡的过程。

（1）优化原理

资源均衡可以使各种资源的动态曲线尽可能不出现过大的高峰或低谷，资源供应合理，从而降低施工费用。

衡量资源均衡程度，一般用方差表示，其值越小，说明资源均衡程度越好，优化时可以用最小方差作为优化目标。方差值即每天计划需要量与每天平均需要量之差的平方和的平均值。

用最小方差作为优化目标进行优化的基本思路是利用网络计划初始方案，计算网络计划的自由时差，通过改善进度计划的安排，使资源动态曲线的方差值减到最小，从而达到均衡目的。

（2）优化步骤

根据网络计划初始方案，计算时间参数，确定关键线路，绘制资源动态曲线。为了满足工期固定的条件，在优化过程中不考虑关键工作的调整。

调整自网络计划终点节点开始，从右向左逐次进行。按工作的完成节点的编号值从大到小的顺序进行调整，同一个完成节点的工作则先调整开始时间较迟的工作。在所有工作都按上述顺序自右向左进行了一次调整之后，再按上述顺序自右向左进行多次调整，直至所有工作的位置都不能再移动为止。

# 第三章 公路桥梁施工准备工作

施工准备工作的基本任务是为公路桥梁工程的施工建立必要的技术和物资条件，统筹安排施工力量和施工现场，是施工企业做好目标管理，推行技术经济承包的重要依据，也是施工得以顺利进行的基本保证。

## 第一节 施工技术资料准备工作

施工技术资料准备工作主要包括原始资料收集与调查、技术准备和生产资料准备三方面。

### 一、原始资料收集与调查

调查研究和收集有关施工资料，是施工准备工作的重要内容之一，主要目的是查明工程环境特点和施工的自然、技术经济条件，为选择施工技术与组织方案收集基础资料，并以此作为确定准备工作项目的依据。尤其是当施工单位进入一个新的城市和地区，该工作显得更加重要，它关系到施工单位全局的部署与安排。通过原始资料的收集分析，为编制出合理且符合客观实际的施工组织设计文件提供全面、系统、科学的依据，为图纸会审、编制施工图预算和施工预算提供依据，为施工企业管理人员进行经营管理决策提供可靠的依据。施工原始资料收集与调查主要包括：调查建设地区的技术经济条件、调查工程项目特征与要求的有关资料、调查建设场地及附近地区的自然条件。

## (一)收集给排水、供电等资料

水、电、气是施工不可缺少的条件,需要收集的内容如表3-1所示。资料来源主要是当地城市建设、电业、电讯等管理部门和建设单位,主要用作选用施工用水、用电、供热、供气方式的依据。

表3-1 水、电、气条件调查表

| 序号 | 项目 | 调查内容 | 调查目的 |
|---|---|---|---|
| 1 | 供水排水 | 工地用水与当地现有水源连接的可能性,可供水量、接管地点、管径、材料、埋深、水压、水质及水费,至工地距离,沿途地形地物状况;自选临时江河水源的水质、水量、取水方式,至工地距离,沿途地形地物状况;自选临时水井的位置、深度、管径、出水量和水质;利用永久性排水设施的可能性,施工排水的去向、距离和坡度;有无洪水影响,防洪设施状况 | 确定生活、生产供水方案;确定工地排水方案和防洪方案;拟订供排水设施的施工进度计划 |
| 2 | 供电电信 | 当地电源位置,引入的可能性,可供电的容量、电压、导线截面和电费;引入方向,接线地点及其至工地距离,沿途地形地物状况;建设单位和施工单位自有的发、变电设备的型号、台数和容量;利用邻近电信设施的可能性,电话等至工地的距离,可能增设电信设备、线路的情况 | 确定供电方案;确定通信方案;拟订供电、通信设施的施工进度计划 |
| 3 | 供气供热 | 蒸汽来源,可供蒸汽量,接管地点、管径、埋深,至工地距离,沿途地形地物状况,蒸汽价格;建设、施工单位自有锅炉的型号、台数和能力,所需燃料及水质标准;当地或建设单位可能提供的压缩空气、氧气的能力,至工地距离 | 确定生产、生活用气的方案;确定压缩空气、氧气的供应计划 |

## (二)收集交通运输资料

建筑施工中,常用铁路、公路和航运三种主要交通运输方式,收集的内容如表3-2所示。资料的来源主要是当地铁路、公路、水运和航运管理部门,主要用作选用材料和设备的运输方式以及组织运输业务的依据。

表3-2 交通运输条件调查表

| 序号 | 项目 | 调查内容 | 调查目的 |
|---|---|---|---|
| 1 | 铁路 | 邻近铁路专用线、车站至工地的距离及沿途运输条件;站场卸货线长度,起重能力和储存能力;装卸单个货物的最大尺寸、质量的限制 | 选择运输方式;拟订运输计划 |
| 2 | 公路 | 主要材料产地至工地的公路等级、路面构造、路宽及完好情况,允许最大载重量;途经桥涵等级、允许最大尺寸、最大载重量;当地专业运输机构及附近村镇能提供的装卸、运输能力,运输工具的数量与运输效率以及运费、装卸费;当地有无汽车修配厂,修配能力和至工地距离 | 选择运输方式;拟订运输计划 |
| 3 | 航运 | 货源、工地至邻近河流、码头渡口的距离,道路情况;洪水、平水、枯水期时,通航的最大船只及吨位,取得船只的可能性;码头装卸能力,最大起重量,增设码头的可能性;渡口的渡船能力,同时可载汽车数,每日次数,能为施工提供能力;运费、渡口费、装卸费 | 选择运输方式;拟订运输计划 |

## (三)收集建筑材料资料

建筑工程要消耗大量的材料,主要有钢材、木材、水泥、地方材料(砖、砂、灰、石)、装饰材料、构件制作、商品混凝土、建筑机械等,其内容如表3-3、表3-4所示。资料来源主要是当地主管部门和建设单位及各建材生产厂家、供货商,主要作用是选择建筑材料和施工机械的依据。

表3-3 地方资源调查表

| 序号 | 材料名称 | 产地 | 储藏量 | 质量 | 开采量 | 出厂价 | 供应能力 | 运距 | 单位运价 |
|---|---|---|---|---|---|---|---|---|---|
| 1 | | | | | | | | | |
| 2 | | | | | | | | | |
| 3 | | | | | | | | | |

表3-4 三材、特殊材料和主要设备调查表

| 序号 | 项目 | 调查内容 | 调查目的 |
|------|------|----------|----------|
| 1 | 三种材料 | 钢材订货的规格、型号、数量和到货时间；木材订货的规格、等级、数量和到货时间；水泥订货的品种、标号、数量和到货时间 | 确定临时设施和堆放场地；确定木材加工计划；确定水泥储存方式 |
| 2 | 特殊材料 | 需要的品种、规格、数量；试制、加工和供应情况 | 制定供应计划；确定储存方式 |
| 3 | 主要设备 | 主要工艺设备名称、规格、数量和供货单位；供应时间；分批和全部到货时间 | 确定临时设施和堆放场地；拟订防雨措施 |

## (四)社会劳动力和生活设施调查

建筑施工是劳动密集型的生产活动。社会劳动力是建筑施工劳动力的主要来源，其内容如表3-5所示。资料来源是当地劳动、商业、卫生和教育主管部门，主要作用是为劳动力安排计划、布置临时设施和确定施工力量提供依据。

表3-5 社会劳动力和生活设施调查表

| 序号 | 项目 | 调查内容 | 调查目的 |
|------|------|----------|----------|
| 1 | 社会劳动力 | 少数民族地区的风俗习惯；当地能支援的劳动力人数、技术水平和来源；上述人员的生活安排 | 拟订劳动力计划；安排临时设施 |
| 2 | 房屋设施 | 必须在工地居住的单身人数和户数；能作为施工用的现有房屋的栋数、每栋面积、结构特征、总面积、位置，水、暖、电、卫生设备状况；上述建筑物的适宜用途，作宿舍、食堂、办公室的可能性 | 确定原有房屋为施工服务的可能性；安排临时设施 |
| 3 | 生活服务 | 主副食品供应、日用品供应、文化教育、消防治安等机构能为施工提供的支援能力；邻近医疗单位至工地的距离，可能就医的情况；周围是否存在有害气体污染情况，有无地方病 | 安排职工生活基地 |

### （五）工程特征及要求资料与自然环境资料的调查

工程项目特征与要求的有关资料的主要内容有：对建设单位与设计单位的调查，见表3-6；建设地点的气象、地形、地貌、工程地质、水文地质、场地周围环境及障碍物主要内容。资料来源主要是气象部门及设计单位，主要作用是为确定施工方法和技术措施，编制施工进度计划和施工平面图布置设计提供依据。

表3-6　建设单位与设计单位调查的项目表

| 序号 | 调查单位 | 调查内容 | 调查目的 |
|---|---|---|---|
| 1 | 建设单位 | 建设项目设计任务书、有关文件；建设项目性质、规模、生产能力；生产工艺流程，主要工艺设备名称及来源、供应时间、分批和全部到货时间；建设期限、开工时间、交工先后顺序、竣工投产时间；总概算投资、年度建设计划；施工准备工作内容、安排、工作进度表 | 施工依据；项目建设部署；制定主要工程施工方案；规划施工总进度；安排年度施工计划；规划施工总平面图；确定占地范围 |
| 2 | 设计单位 | 建设项目总平面规划；工程地质勘察资料；水文勘察资料；项目建筑规模，建筑、结构、装修概况，总建筑面积、占地面积；单项（单位）工程个数；设计进度安排；生产工艺设计、特点；地形测量图 | 规划施工总平面图；规划生产施工区、生活区；安排大型暂设工程；概算施工总进度；规划施工总进度；计算平整场地土石方量；确定地基、基础的施工方案 |

### 二、技术准备

技术准备是施工准备工作的核心，是现场施工准备工作的基础。由于任何技术的差错或隐患都可能引起人身安全和质量事故，造成生命、财产的巨大损失，因此必须认真做好技术准备工作。其主要内容包括：熟悉与会审图纸、编制中标后施工组织设计、编制施工图预算和施工预算[1]。

---

[1]郑宇，杨莅滦. 施工技术资料整编[M]. 北京：北京理工大学出版社，2013.

### (一)熟悉与会审图纸

**1.熟悉与会审图纸的依据**

熟悉与会审图纸的依据包括:建设单位和设计单位提供的初步设计或扩大初步设计(技术设计)、施工图设计、建筑总平面、土方调配和城市规划等资料文件;调查、收集的原始资料;设计、施工验收规范和有关技术规定。

**2.熟悉与会审图纸的目的**

熟悉与会审图纸的目的包括:能够按照设计图纸的要求顺利进行施工,生产出符合设计要求的最终建筑产品(建筑物或构筑物);能够在拟建工程开工之前,使从事建筑施工技术和经营管理的工程技术人员能充分地了解和掌握设计图纸的设计意图、结构与构造特点和技术要求;通过审查,发现设计图纸中存在的问题和错误,及时修正,在施工开始之前,为拟建工程的施工提供一份准确、齐全的设计图纸。

**3.熟悉图纸及其他设计技术资料的重点**

(1)基础及地下室部分

具体包括:核对建筑、结构、设备施工图中关于基础留口与留洞的位置及标高的相互关系是否处理恰当;给水及排水的去向,防水体系的做法及要求;特殊基础做法,变形缝及人防出口做法。

(2)主体结构部分

具体包括:定位轴线的布置及与承重结构的位置关系;各层所用材料是否有变化;各种构配件的构造及做法;采用的标准图集有无特殊变化和要求。

(3)装饰部分

具体包括:装修与结构施工的关系;变形缝的做法及防水处理的特殊要求;防火、保温、隔热、防尘、高级装修的类型及技术要求。

**4.熟悉与审查图纸的内容**

具体包括:第一,审查拟建工程的地点、建筑总平面图与国家、城市或地区规划是否一致；建筑物或构筑物的设计功能和使用要求是否符合卫生、防火及美化城市方面的要求。第二，审查设计图纸是否完整、齐全以及设计图纸和资料是否符合国家有关工程建设的设计、施工方面的方针和政策。第三，审查设计图纸与说明书在内容上是否一致以及设计图纸与其各组成部分之间有无矛盾和错误。第四，审查建筑总平面图与其他结构图在几何尺寸、坐标、标高、说明等方面是否一致，技术要求是否正确。第五，审查工业项目的生产工艺流程和技术要求，掌握配套投产的先后次序和相互关系以及设备安装图纸与其相配合的土建施工图纸在坐标、标高上是否一致，掌握土建施工质量是否满足设备安装的要求。第六，审查地基处理与基础设计同拟建工程地点的工程水文、地质等条件是否一致以及建筑物或构筑物与地下建筑物或构筑物和管线之间的关系。

除此之外，还要明确拟建工程的结构形式和特点，复核主要承重结构的强度、刚度和稳定性是否满足要求，审查设计图纸中工程复杂、施工难度大和技术要求高的分部分项工程或新结构、新材料、新工艺，检查现有施工技术水平和管理水平能否满足工期和质量要求并采取可行的技术措施加以保证。明确建设期限、分期分批投产或交付使用的顺序和时间以及工程所用的主要材料、设备的数量、规格、来源和供货日期，明确建设、设计和施工等单位之间的协作与配合关系以及建设单位可以提供的施工条件。

5.熟悉与审查设计图纸的程序

熟悉与审查设计图纸的程序通常分为自审阶段、会审阶段和现场签证三个阶段。

（1）设计图纸的自审阶段

施工单位收到拟建工程的设计图纸和有关技术文件后，应尽快组织工程技术人员熟悉和自审图纸，写出自审图纸的记录。自审图纸的记录应包括对设计图纸的疑问和对设计图纸的有关建议。

（2）设计图纸的会审阶段

一般由建设单位主持，由设计单位和施工单位参加，三方进行设计图纸的会审。图纸会审时，首先由设计单位的工程主设计人向与会者说明拟建工程的设计依据、意图和功能要求，并对特殊结构、新材料、新工艺和新技术提出设计要求；然后施工单位根据自审记录以及对设计意图的了解，提出对设计图纸的疑问和建议；最后在统一认识的基础上，对所探讨的问题逐一做好记录，形成图纸会审纪要，由建设单位正式行文，参加单位共同会签、盖章，作为与设计文件同时使用的技术文件和指导施工的依据以及建设单位与施工单位进行工程结算的依据。

（3）设计图纸的现场签证阶段

在拟建工程施工的过程中，如果发现施工的条件与设计图纸的条件不符，或者发现图纸中仍然有错误，或者因为材料的规格、质量不能满足设计要求，或者因为施工单位提出了合理化建议，需要对设计图纸进行及时修订时，应遵循技术核定和设计变更的签证制度，进行图纸的施工现场签证。如果设计变更的内容对拟建工程的规模、投资影响较大时，要报请项目的原批准单位批准。施工现场的图纸修改、技术核定和设计变更资料，都要有正式的文字记录，归入拟建工程施工档案，作为指导施工、竣工验收和工程结算的依据。

6.熟悉技术规范、规程和有关技术规定

技术规范、规程是国家制定的建设法规，是实践经验的总结，在技术管理上具有法律效用。建筑施工中常用的技术规范、规程主要包括建筑安装工程质量检验评定标准、施工操作规程、建筑工程施工及验收规范、设备维护及维修规程、安全技术规程、上级技术部门颁发的其他技术规范和规定。

**（二）编制施工图预算和施工预算**

施工图预算是技术准备工作的主要组成部分之一，它是按照施工图确定的工程量、施工组织设计所拟定的施工方法、建筑工程预算定额及其取费标准,由施工单位主持,在拟建工程开工前的施工准备工作期所编制的确定建筑安装工程造价的经济文件,是施工企业签订工程承包合同、工程结算、银行拨贷款以及进行企业经济核算的依据。

施工预算是根据施工图预算、施工图纸、施工组织设计或施工方案、施工定额等文件,综合企业和工程实际情况,并在工程确定承包关系以后进行编制。它是企业内部经济核算和班组承包的依据,因此是企业内部使用的一种预算。

施工图预算与施工预算存在很大区别:施工图预算是甲乙双方确定预算造价、发生经济联系的技术经济文件;施工预算是施工企业内部经济核算的依据。"两算"对比,都是促进施工企业降低物资消耗,增加积累的重要手段。

### 三、生产资料准备

生产资料准备是指工程施工中必须的劳动手段(施工机械、机具等)和劳动对象(材料、构件、配件等)的准备。该项工作应根据施工组织设计的各种资源需要量计划,分别落实货源、组织运输和安排储备,这是工程连续施工的基本保证,主要内容如下。

### (一)建筑材料的准备

建筑材料的准备包括:三材(钢材、木材、水泥)、地方材料(砖、瓦、石灰、砂、石等)、装饰材料(面砖、地砖等)、特殊材料(防腐、防射线、防爆材料等)的准备。为保证工程顺利施工,材料准备要求如下。

1.编制材料需要量计划,签订供货合同

根据预算的工料分析,按施工进度计划的使用要求、材料储备定额和消耗定额,分别按材料名称、规格、使用时间进行汇总,编制材料需要量计划,同时根据不同材料的供应情况,随时注意市场行情,及时组织货源,签订定货合同,保证采购供应计划的准确可靠。

2.材料的运输和储备

材料的运输和储备要按工程进度分期分批进场。现场储备过多会增加保管费用、占用流动资金,过少则难以保证施工的连续进行。对于使用量少的材料,尽可能一次进场。

3.材料的堆放和保管

现场材料的堆放应按施工平面布置图的位置,按材料的性质、种类,选取不同的堆放方式,合理堆放,避免材料的混淆及二次搬运;进场后的材料要依据材料的性质妥善保管,避免材料的变质及损坏,以保持材料的原有数量和原有的使用价值。

**(二)施工机具和周转材料的准备**

施工机具包括施工中所确定选用的各种土方机械、木工机械、钢筋加工机械、混凝土机械、砂浆机械、垂直与水平运输机械、吊装机械等,应根据采用的施工方案和施工进度计划,确定施工机械的数量和进场时间;确定施工机具的供应方法和进场后的存放地点和方式,并提出施工机具需要量计划,以便企业内部实现使用需求平衡或对外签约租借机械。

周转材料的准备主要指模板和脚手架,此类材料施工现场使用量大、堆放场地面积大、规格多、对堆放场地的要求高,应按施工组织设计的要求分规格、型号整齐码放,以便使用和维修。

**(三)预制构件和配件的加工准备**

工程施工中需要大量的钢筋混凝土构件、木构件、金属构件、水泥制品、塑料制品、卫生洁具等,应在图纸会审后提出预制加工单,确定加工方案、供应渠道及进场后的储备地点和方式。现场预制的大型构件,应依施工组织设计做好规划并提前加工预制。

此外,对采用商品混凝土的现浇工程,要根据施工进度计划要求确定需用量计划,主要内容有商品混凝土的品种、规格、数量、需要时间、送货方式、交货地点,并提前与生产单位签订供货合同,以保证施工的顺利进行。

# 第二节 施工技术现场准备工作

施工现场是施工的全体参加者为实现优质、高速、低耗的目标，而有节奏、均衡连续地进行施工作业的活动空间。施工现场的准备工作，主要是为了给拟建工程的施工创造有利的施工条件和物资保证。

## 一、施工现场内部的准备工作

施工现场内部的准备是按照施工组织设计的要求进行的施工现场具体条件的准备工作，主要内容有：清除障碍物、三通一平、测量放线、搭设临时设施等。

### （一）清除障碍物

施工场地内的一切障碍物，无论是地上的或是地下的，都应在开工前清除。这些工作一般是由建设单位来完成的，但也有委托施工单位来完成的。如果由施工单位来完成这项工作，应注意如下几点：第一，一定要事先摸清现场情况，尤其是在老城区内，由于原有建筑物和构筑物情况复杂，而且通常资料不全，在清除前需要采取相应的措施，防止发生事故。第二，对于房屋的拆除一般要把水源、电源切断后才可进行拆除。对于较坚固的房屋和地下老基础，则可采用爆破的方法拆除，但这需要委托有相应资质的专业爆破作业单位来承担，并且必须报经公安部门批准方可实施。第三，架空电线（电力、通信）、地下电缆（包括电力、通信）的拆除，要与电力部门或通信部门联系并办理有关手续后方可进行。第四，自来水、污水、煤气、热力等管线的拆除，应委托专业公司来完成。场地内若有树木，需报园林部门批准后方可砍伐。第五，拆除障碍物后，留下的渣土等杂物都应清除出场外。运输时，应遵守交通、环保部门的有关规定，运土的车辆要按照指定的路线和时间行驶，并采取封闭运输车或在渣土上洒水等措施，以避免渣土飞扬而污染环境。

### (二)做好施工场地的测量放线

测量放线的任务是把图样上所设计好的建筑物、构筑物及管线等测设到地面上或实物上,并用各种标志表现出来,以作为施工的依据。其工作的进行,一般是在土方开挖之前,通过在施工场地内设置坐标控制网和高程控制点来实现的。这些网点的设置应视工程范围的大小和控制的精度而定。在测量放线前,应对测量仪器进行检验和校正,熟悉并校核施工图样,了解设计意图,校核红线桩与水准点,制订出测量放线方案。

建筑物定位放线是确定整个工程平面位置的关键环节,实施施工测量中必须保证精度,杜绝错误,否则其后果将难以处理。建筑物定位、放线,一般通过设计图中平面控制轴线来确定建筑物的四廓位置,测定并经自检合格后,提交有关部门和甲方(或监理人员)验线,以保证定位的准确性。沿红线施工的建筑物放线后,还要由城市规划部门验线,以防止建筑物压红线或超红线,为正常顺利地施工创造条件[①]。

### (三)做好"三通一平"(或"七通一平")

"三通一平"是指路通、水通、电通和平整场地。"七通一平"是指基本建设中前期工作的道路通、给水通、电通、排水通、热力通、电信通、燃气通及土地平整等的基础建设。

1.路通

施工现场的道路是组织物资运输的动脉。拟建工程开工前,必须按照施工总平面图的要求,修好施工现场的永久性道路(包括厂区铁路或公路)以及必要的临时性道路,形成完整畅通的运输网络,为建筑材料进场和堆放创造有利条件。

2.水通

水是施工现场的生产和生活不可缺少的资源。拟建工程开工之

①尹素花,常建立.建筑施工技术[M].北京:北京理工大学出版社,2016.

前,必须按照施工总平面图的要求,接通施工用水和生活用水的管线,使其尽可能与永久性的给水系统结合起来,做好地面排水系统,为施工创造良好的环境。

### 3.电通

电是施工现场的主要动力来源。拟建工程开工前,要按照施工组织设计的要求,接通电力和电讯设施,做好其他能源(如蒸汽、压缩空气)的供应,确保施工现场动力设备和通信设备的正常运行。

### 4.平整场地

按照建筑施工总平面图的要求,首先拆除场地上妨碍施工的建筑物或构筑物,然后根据建筑总平面图规定的标高和土方竖向设计图纸,进行挖(填)土方的工程量计算,确定平整场地的施工方案,进行平整场地的工作。

### (四)做好施工现场的补充勘探

对施工现场做补充勘探是为了进一步寻找枯井、防空洞、地下管道、暗沟和枯树根等隐蔽物,以便及时拟定并实施处理隐蔽物的方案,为基础工程施工创造有利条件。

### (五)建造临时设施

现场生活和生产用的临时设施,在布置安排时,要遵照当地有关规定进行规划布置。如房屋的间距、标准是否符合卫生和防火要求,污水和垃圾的排放是否符合环境要求等。临时建筑平面图及主要房屋结构图,都应报请城市规划、市政、消防、交通、环保等有关部门审查批准。为了施工方便和安全,对于指定的施工用地的周界,应用围栏围挡起来,围挡的形式和材料及高度应符合市容管理的有关规定和要求。在主要入口处设标示牌,标明工程名称、施工单位、工地负责人等。各种生产、生活用的临时设施,包括特种仓库、混凝土搅拌站、预制构件场、机修站、各种生产作业棚、办公用房、宿舍、食堂、文化生活设施等,均应按照批准的施工组织设计规定的数量、标准、面积、位置等要求来组织修建,大、中型工程可分批、分期修建。

此外,在考虑施工现场临时设施的搭建时,应尽量利用原有建筑物,尽可能减少临时设施的数量,以便节约用地,节约投资。

### (六)安装、调试施工机具

按照施工机具需要量计划,组织施工机具进场,根据施工总平面图将施工机具安置在规定的地点或仓库。对于固定的机具要进行就位、搭棚、接电源、保养和调试等工作。对所有施工机具要求必须在开工之前进行检查和试运转。

### (七)做好建筑构(配)件、制品和材料的储存与堆放

按照建筑材料、构(配)件和制品的需要量计划组织进场,根据施工总平面图规定的地点和指定的方式进行储存和堆放。

### (八)及时提供建筑材料的试验申请计划

按照建筑材料的需要量计划,及时提供建筑材料的试验申请计划。如钢材的机械性能和化学成分、混凝土或砂浆的配合比和强度等试验。

### (九)进行新技术项目的试制和试验

按照设计图纸和施工组织设计的要求,认真进行新技术项目的试制和试验。

### (十)设置消防、保安设施

按照施工组织设计的要求,根据施工总平面图的布置,建立消防、保安等组织机构和有关规章制度,布置安排好消防、保安等措施。

### 二、冬、雨季施工的准备工作

土建施工绝大部分工作是露天作业,季节变化对施工的影响很大。我国南北方气候差异较大。黄河以北,尤其是东北、西北的广大地区,每年冰冻期有四五个月;长江以南地区,冬季气温经常处于 $0 \sim 10 \, ℃$,持续的时间比较长。在这样的气温条件下施工,有一定的困难,施工速

度也相应受到影响。

特别是雨季,对施工生产有很大的影响。如何减少自然条件给施工作业带来的影响,这是编制施工组织设计时必须研究解决的任务之一,要从组织、进度安排、技术措施等方面提出一系列办法和措施,并注意吸取广大建筑职工长期创造和积累起来的宝贵经验。要保证冬、雨季的施工,首先应特别重视冬、雨季施工的准备工作。

## (一)冬季施工的准备工作

冬季施工是一项复杂而细致的工作,在气温低、工作条件差、技术要求高的情况下,认真做好冬季施工准备具有特殊的意义。例如,对于钢筋混凝土工程,混凝土的强度增长与养护时期的气温有密切关系。4 ℃时混凝土的养护时间比 15 ℃下的养护时间长 3 倍;当气温在 0 ℃以下时,水泥的水化作用基本停止;当气温低于 -3 ℃时,混凝土中的水冻结,而且水在结冰时体积要膨胀 8% ~ 9%,从而混凝土有被胀裂的危险。此外,由于低温时养护时间长,不但拖延了工期,而且影响模板的周转使用,增加了工程的费用。实践证明,混凝土凝结前 3 ~ 6 h 受冻结,其 28 d 强度将比设计强度下降 50%;如果在凝结后 2 ~ 3 h 受冻结,强度下降 15% ~ 20%;而当强度达到设计强度 50% 以上,并且其抗压强度不低于 50 kg/cm² 时受冻结,不会影响它的强度。

因此,当平均气温低于 5 ℃或昼夜最低气温低于 -3 ℃时,就应采用冬季施工措施。

1.合理安排冬季施工项目和进度

(1)工程项目确定

冬季施工工程项目的确定,必须根据国家计划和上级的要求,具体分析研究,要既考虑技术上的可能性,又考虑经济上的合理性,综合分析后做出正确的决定。

绝大部分工程能在冬季施工。但是,各种不同的工程冬季施工的复杂程度有所区别,因冬季施工而增加的费用也不相同,一般在安排工程项目时,可按以下情况安排:冬季施工费用增加不大的项目,如一般砌砖工程、可用蓄热法养护的混凝土工程、吊装工程、打桩工程等在冬季施工时,对技术要求并不高,但它们在工程中占的比重较大,对进度起着决定性作用,可以列在冬季施工的范围内。成本增加稍大的工程项目,如用蒸汽养护的混凝土结构、室内粉刷等,采取技术措施后,安排在冬季施工也是可行的。受冬季施工影响较大的项目,如土方工程、室外粉刷、防水工程、道路工程等,最好在冬季以前完成。

(2)进度安排

安排工程进度时,应尽可能地减少冬季施工项目。在冬季施工前,要尽快完成工程的主体,以便取得更多的室内工作面,达到良好的技术经济效果。

2. 重视冬季施工对平面布置的特殊要求

给水和排水的管线应避免冻结的影响。施工中的临时管线埋设深度应在冰冻线以下;外露的水管,应用草绳等包扎起来,免遭冻裂。排水管线应保持畅通,现场和道路应避免积水和结冰;必要时应设临时排水系统,排除地面水和地下水。

冬季前,应修整道路,注意清除积雪,保证冬季施工时道路畅通;要尽可能储备足够的冬季施工所需的各种材料、构件、备品、物资等。冬季施工时,所需保温、取暖等火源大量增多,因此应加强防火教育及防火措施,布置必要的防火设施和消防栓、灭火器等,并应安排专人进行检查管理。

3. 冬季施工特殊材料的准备

冬季施工需增加一些特殊材料,如促凝剂、保温材料(稻草、炉渣、草垫、麻袋、锯末等)及劳动保护、防寒用品等。另外,还要加强冬防保安措施,抓好职工的思想技术教育和专职人员的培训工作。

**(二)雨季施工的准备工作**

在多雨地区,认真做好雨季施工准备,对于提高施工连续性、均衡性,增加全年施工天数具有重要作用。

1.采取晴雨结合的办法

晴天施工条件好,多完成室外作业,做好主体工程,为雨天创造工作面,多留一些室内工作在雨季施工。尽量把不适于雨天作业的工程,如大型土方工程、屋面防水工程等,抢在雨季到来之前完成。

2.做好现场的排水工作

现场排水工作,须在进行整个现场的"三通一平"时统一规划。雨季到来前,要进行有组织的检查,疏通道路边沟,加强管理,防止堵塞。另外,要准备抽水设备(如水泵等),及时处理低洼、基坑中的积水。

3.采取有效的技术组织措施

雨季前,应对现场的临时道路进行修整,加铺碎石、炉渣等,同时对道路横剖面加大坡度以利排水,保证运输道路畅通。为确保工程质量,需要采取有效的技术措施,如防止砂浆及混凝土水分的增加、钢筋的锈蚀、粉刷面的冲刷等。

4.做好物资供应及储备工作

准备必要的防雨器材,做好材料的保管,防止物品因淋雨、受潮而变质;库房不漏雨,四周有排水;水泥等材料应遵守"先到先用,后收后发"的原则供应;各种材料堆存均应有适当措施,防止或减少损失。

## 三、施工现场外部的准备工作

施工现场准备除了施工现场内部的准备工作外,还有施工现场外部的准备工作。其具体内容如下。

### (一)材料的加工和订货

建筑材料、构(配)件和建筑制品大部分均必须外购,工艺设备更是如此。如何与加工部、生产单位联系,签订供货合同,做好及时供应,对于施工企业的正常生产是非常重要的;对于协作项目也是如此,除了要签订议定书之外,还必须做大量的相关工作。

## （二）做好分包工作和签订分包合同

由于施工单位本身的力量所限，有些专业工程的施工、安装和运输等均需要向外单位委托。根据工程量、完成日期、工程质量和工程造价等内容，与其他单位签订分包合同、保证按时实施。

## （三）向上级提交开工申请报告

当完成好分包工作和签订分包合同等施工场外的准备工作后，应该及时填写开工申请报告，并上报上级批准。

# 第三节 施工现场人员准备工作

施工现场人员准备工作主要包括施工项目组的组建、施工队伍的准备工作以及施工队伍的教育管理三个方面。

## 一、项目组的组建

项目管理机构建立的原则如下：根据工程规模、结构特点和复杂程度，确定项目管理机构的编制及人选；坚持合理分工与密切协作相结合的原则；执行因事设职、因职选人的原则，将富有经验、创新精神、工作效率高的人入选项目管理机构。对一般单位工程可设一名工地负责人，配备一定数量的施工员、材料员、质检员、安全员等即可；对大中型单位工程或群体工程，则要配备包括技术、计划等管理人员在内的一整套班子。

## 二、施工队伍的准备

施工队伍的建立，要考虑工种的合理配合，技工和普工的比例要满足劳动组织的要求；要坚持合理、精干原则，在施工过程中，依工程实际进度需求，动态管理劳动力数量。需要外部力量的，可通过签订承包合同或联合其他队伍来共同完成。

## (一)建立精干的基本施工队组

基本施工队组应根据现有的劳动组织情况、结构特点及施工组织设计的劳动力需要量计划确定,一般有以下几种组织形式。

1.砖混结构的建筑

该类建筑在主体施工阶段,主要是砌筑工程,应以瓦工为主,配合适量的架子工、钢筋工、混凝土工、木工以及小型机械工等;装饰阶段以抹灰、油漆工为主,配合适量的木工、电工、管工等。因此,砖混结构的建筑以混合施工班组为宜。

2.框架、框剪及全现浇结构的建筑

该类建筑主体结构施工主要是钢筋混凝土工程,应以模板工、钢筋工、混凝土工为主,配合适量的瓦工;装饰阶段配备抹灰、油漆工等。因此,框架、框剪及全现浇结构的建筑以专业施工班组为宜。

3.预制装配式结构的建筑

该类建筑的主要施工工作以构件吊装为主,应以吊装起重工为主,配合适量的电焊工、木工、钢筋工、混凝土工、瓦工等,装饰阶段配备抹灰工、油漆工、木工等。因此,预制装配式结构的建筑以专业施工班组为宜。

## (二)确定优良的专业施工队伍

大中型的工业项目或公用工程,内部的机电安装、生产设备安装一般需要专业施工队或生产厂家进行安装和调试,某些分项工程也可能需要机械化施工公司来承担,这些需要外部施工队伍来承担的工作,需在施工准备工作中签订承包合同的形式予以明确,落实施工队伍。

## (三)选择优势互补的外包施工队伍

随着建筑市场的开放,施工单位通常依靠自身的力量难以满足施工需要,因而需联合其他建筑队伍(外包施工队)来共同完成施工任务,通过考察外包队伍的市场信誉、已完工程质量、确认资质、施工力量水平等来选择,联合施工的各建筑队伍要充分体现优势互补的原则[①]。

### 三、施工队伍的教育管理

#### (一)施工队伍的重要性

在专门的设计单位产生以前,像许多产品一样,公路桥梁的设计施工都是由同一个单位承担完成的,即施工过程包含设计过程。如中国古代的工匠,就兼具设计员和施工员的双重身份和作用,即使到了近代中国也是如此。中华人民共和国成立前,当时最高水平的中国桥梁工程队当属由赵祖康先生领导的上海市工务局,他们在20世纪40年代以前自行设计建造了几座跨苏州河的钢筋混凝土悬臂梁桥,这支队伍也是我国20世纪40年代桥梁建设的重要技术力量,后来组建成上海市政设计院。

随着社会分工的日益明细,设计等工作逐渐从施工中脱胎出来,形成专门的部门,分别负责同一项目的两个阶段的工作。设计单位负责项目施工前的规划设计,施工单位负责项目的具体施工。由于设计在前,施工在后,设计工作又直接表现为看似复杂的理论计算,施工行为似乎仅仅是实现设计的意图,只要按照建设单位或业主提供的设计文件按图施工就可以了。长期的实践活动逐渐使人们产生一种错觉:设计比施工重要。其实不然,从理论上分析,设计过程是一个从实践到理论的过程,施工过程是一个从理论到实践的过程,这两个过程同属于认识的范畴,是一个大过程中的两个小过程,无所谓孰轻孰重。

作为设计人员,必须依据规范、理论公式、设计惯例及实地情况做好结构物的设计和设计文件的编制,而作为生产一线的施工人员,既要准确领会设计意图组织项目的实施,又要结合实地情况为优化设计提出建设性的建议,使设计产品尽量完美,在项目施工中,业主要求设计单位设计代表也就是基于这一原因。这对减少投资、提高质量、增

---

①丁烈梅.路面施工技术[M].北京:北京理工大学出版社,2017.

加效益均有十分重要的意义。

所以,作为施工单位的现场人员只有既知其然,又知其所以然,才能准确地、建设性实现设计意图,表达设计效果。从这个角度看,施工技术人员既要有丰富的施工经验,又要具备与设计人员同等甚至更优的个体素质。设计过程中会有一些使用设计手段难以确定的因素,必须要等到项目施工到一定阶段才能得出结论,有些设计内容还有待在施工过程得到完善和延续,这些问题的发现和提出只有施工单位才能完成,设计单位只是派遣设计代表据实修改设计文件。因此,施工过程既是一个对设计成果检验和再评审的过程,又是设计文件的延续完善过程,施工单位不可分割地要承担部分设计工作的内容。

现在欧美一些国家对建筑项目的管理理念是比较前卫的,如美国,业主一般只组织完成可行性研究或初步设计,做出控制概算就实施招标;施工中标单位也只要根据招标文件提供的资料继续完成施工图设计,自己编制和控制设计预算和施工预算,按业主给定的各项技术和经济指标完成的建筑产品就能被业主所接受。这种模式一方面给予了施工单位足够的空间和自由;另一方面也把设计的责任和工作量转嫁给了施工单位,进一步体现了施工单位在项目建设中的重要性。一件好的建筑作品,是靠设计者和施工者共同来完成。在这个创作过程中,实际操作者的作用尤为重要。一个高水平的施工队可以和设计单位形成良好的互动,为整个行业的发展形成共同推进的合力。所以,我们认为从一定意义上讲,施工队伍的选择是公路桥梁建设成败的关键。

## (二)施工队伍的选择

公路桥梁作为力学和平衡系统的结合体,集合着理论、结构、材料三大力学的内容,作为这一复杂建筑产品的生产者,不仅需要具有较深的理论知识,而且还要具有丰富的实践经验。

所以对公路桥梁施工队的选择,除了执行有关法律法规规定的招投标程序外,还要对拟派往现场的项目经理、技术负责人和专业技术人员进行一些相关理论和专业知识的面试以及类似施工经验的考核。项目经理必须是在类似项目中担任过项目经理,或在规模和难度系数大于本项目的项目中担任过副经理的专业项目管理人员。技术负责人和专业技术人员必须对本项目的关键工序有过近似的施工经验,熟练掌握了流水工序和施工技巧,否则不能上岗。施工中,监理和业主代表要严格监督拟派人员到位。有些单位,经营和生产分开管理,在单位分属两个不同的经济指标考评体系,经营追求的是中标率。所以,他们编制标书时,只挑最能吸引评委目光的人员、机械等资料组织,中标后,怎么组织生产,在施工过程中标书中承诺的人机能否到位,就不是经营部考虑的问题了。

工程部追求的是资源配置的最低成本,标书里承诺的内容仅作为参考。所以项目部建设的时候,相当多的中标基本上不是以标书的承诺内容作为依据,而是根据本单位生产和劳动的供需随意调整。这样一来,就导致了标书做得好的单位不一定就是施工优秀单位的错位结果,暴露出了单凭投标文件和报价取舍中标单位的方法的偏向弊端。

所以我们认为,选择施工单位时,必须要把住两道关,一是标书里人员的整体素质是否满足要求;二是承诺的人机能否如实到位。业主或招标代理在招标文件的告知条款必须明确规定,招标文件承诺的人机如不能足额到位,无条件废除中标资格中途责令退场。因此,取舍施工中标单位时,不应以投标价格和综合排名作为唯一依据,应该以施工队伍的素质和诚信作为重要的条件,这比直接节约投资、比生硬地维护各个环节的"公评"更重要、更有意义,换一个角度来说,这也是为了更好地体现公平、公正,从根本上节约投资、从本质上实现安全、从理念上体现人本思想。

### (三)施工队伍的管理

施工单位在整个施工过程中所处的关键地位应是不争的事实,但对施工单位的管理,大家习惯认为是主管单位的事,但是我们认为,对公路桥梁施工队的管理也应该纳入项目管理的范畴。施工队伍作为一种人力资源,它不仅仅是构成一个单位的无形资产和企业资质,更主要的是,它是一个社会产品的制作者,他们的行为后果直接关系到社会人类的安危,在这种资源通过一定形式和载体表现为一个特定的实物形态的过程中,对它的管理就不应该仅仅是拥有单位的事,作为这种资源在一定时期内使用的单位也负有一定的责任,这是一种单位的责任,也是一种社会的责任。

首先,对公路桥梁施工队的管理应建立资信制度。桥梁施工队作为技术含量相对较高的施工群体,它的业绩和资信是企业赖以生存和发展的重要条件,也应是业主单位挑选施工单位的基础。业绩既是一个单位能力和实力的体现,也是一个单位或部门作业经历的记录,而诚信又是市场经济的精髓,业绩和诚信指标的形成和项目本身紧紧联系在一起。所以,在施工过程中,业主和监理单位应以各种形式对施工单位进行不定期的业绩考评,并以聘请社会督促员等形式对企业实行监督和民主评议,并将考评的结果以媒体等形式予以发布,资质管理部门、行业管理部门应和业主实行信息对接与管理联动,对施工单位建立生产现场的形象管理机制,将考评结果逐一记录,对施工实行过程实录,并及时通过媒体和专业网站予以公布。公布内容应包括项目经理和总工程师的业务水平、从业道德等基本情况,让全社会参与评议和监督,媒体公布栏目实行长期对外开放。一个施工单位的业绩多少、优劣、真伪,任何一个需要了解情况的单位,随时都可以点击了解。有了这种管理模式,项目业主在选择施工单位时只要通过媒体便一目了然。

其次,对施工单位使用民工队的情况也要提出具体的要求并进行监督。在计划经济条件下,建筑企业作为国营或集体单位,它的所有作业岗位几乎都是由企业正式职工或合同工组成,没有"民工"的概念,随着市场经济的建立和逐步发展,随着企业科技含量和单位素质的提高,在施工管理中,一些劳动密集型的具体工作渐渐地借助社会力量来完成,于是民工逐渐取代了企业昔日的工人,慢慢地成为企业人力资源不可或缺的组成部分,以致发展到今天许多企业离开民工就无法生存和发展的状况。今天的建筑施工企业完全接受并离不开农民工了,从劳动管理的角度看,农民工的成本和服从意识更加符合企业的要求,随着民工队伍较快的融入施工企业,在全民普教条件下农工自身素质的不断提高,一些具有一定的技术性或技巧性的工作也逐渐地由民工来承担,这时农民技术工又产生了。按行业管理部门的要求和具体岗位的特点,企业在使用民工前,对从业人员必须经过一定的岗前培训或令其经历一定的熟练过程,以确保劳动过程中达到预期的效果和效率,尤其是钢筋工、木工、焊工等比较重要的技能岗位的要求更高。因此,民工队伍作为企业人力资源的组成部分,企业对他们又花费了一定的管理成本,必须要保持一定相对的连续性和稳定性。但作为松散型的农民工队伍,它毕竟不是完全意义上的企业职工,企业不可能用企业正式员工的制度去约束他们。所以,企业人力资源部门必须制订科学可行的管理机制及民工轮换和再生培训计划,确保民工队伍的整体水平稳定和结构连续。根据实践经验,一般熟练工应占民工队伍的80%以上,民工的年轮换率不能超过20%,施工就不会受影响。

综上所述,我们认为,对桥梁施工队伍中民工队的管理也是对施工企业监管的必不可少的内容。

# 第四章 公路桥梁单位工程施工组织设计

公路桥梁单位工程施工组织设计是以单项工程或单位工程为对象编制的(通常也称单位工程施工组织设计),用以直接指导单位工程或单项工程的施工。它在施工组织总设计和施工单位总的施工部署的指导下,具体安排人力、物力和建筑安装工作,是施工单位编制作业计划和制定季度施工计划的重要依据。

## 第一节 工程概况

工程概况是对拟建工程的施工特点、地点特征和施工条件等所做的一个简明扼要、突出重点的文字介绍。

### 一、工程建设概况

针对建筑工程的特点,结合施工现场的具体条件,找出关键性的问题加以简要说明,并对新材料、新技术、新工艺和施工重点、难点进行分析研究。

工程建设概况主要说明准备施工工程的建设单位、工程名称、地点、性质、用途、工程投资额、设计单位、施工单位、监理单位、设计图纸情况以及施工期限等信息。

## 二、工程施工概况

### (一)建筑设计特点

一般需要说明拟建工程的建筑面积、层数、高度、平面形状、平面组合情况及室内外装修情况,并附平面图、立面图。

### (二)结构设计特点

一般需要说明基础的类型、埋深、主体结构的类型、预制构件的类型及安装、抗震设防烈度。

## 三、建设地点的特征

建设地点的特征应介绍准备施工的工程所在的位置、地形、地势、环境、气温、冬雨季施工时间、主导风向、风力大小等。如果本工程项目是整个建筑物的一部分,则应说明准备建筑工程所在的具体层、段。

## 四、建筑施工条件

建筑施工条件主要说明"三通一平"等施工现场及周围环境条件,建筑材料、成品、半成品、运输车辆、劳动力、技术装备和企业管理水平,以及施工供电、供水、临时设施等情况。

施工时的技术条件如下:第一,设计施工图完成。第二,申报工程施工手续(涉及消防改造的须报当地所属管辖消防支队)。第三,估算成本费用。第四,签订劳务分包及外协制作加工合同。第五,与物业方办理施工证等施工手续。

## 五、工程施工的特点

概括单位工程的施工特点是施工中的关键问题,以便在选择施工方案、组织资源供应、技术力量配备以及施工组织上采取有效的措施,保证施工顺利进行。

# 第二节 施工方案的编制

## 一、施工方案的编制基础

### (一)施工方案定义

根据《建筑施工组织设计规范》(GB/T 50502)的定义,施工方案是以分部(分项)工程或专项工程为主要对象编制的施工技术与组织方案,用以此具体指导施工过程。

具体讲,施工方案是针对工程项目,根据施工目的、施工现场调研收集的资料和信息、施工图纸、施工验收规范、质量检查验收标准、安全操作规程等资料,通过对施工实施过程中所耗用的人力、材料、设备等资源在工期要求下,通过合理组织,进行技术经济分析,从中选择安全可靠、切实可行、经济合理的最优施工工艺和方法。

施工方案依据施工组织设计要求,对专业工程施工而编制的具体作业文件,是施工组织设计的细化和完善。施工方案以专业工程为对象,制定专业工程施工工艺,部署专业工程资源、工期,明确质量等要求。施工方案直接指导专业工程施工;保证专业工程施工质量和安全生产;配置专业工程资源,保证专业工程工期。

### (二)编制原则

施工方案应具备针对性和可行性,突出重点和难点,并制定出可行的施工方法和保障措施;方案既能满足工程的质量、安全、工期要求,又能保证所需的成本费用低。

1.科学合理、具有可操作性

编制方案首先必须从实际出发,切实可行,符合现场的实际情况,有实现的可能性。编制方案在资源、技术上提出的要求应该与当时已有的条件或在一定时间能争取到的条件相吻合,否则是不能实现的,因此只有在切实可行的范围内尽量保证其先进和快速。

2.满足工期、动态管理控制

满足合同要求的工期,按工期要求投入生产,交付使用,发挥投资效益。所以在制订施工方案时,必须保证在竣工时间上符合合同的要求,并能争取提前完成。为此,在施工组织上要统筹安排,均衡施工,在管理上采用现代化的管理方法进行动态管理和控制。

3.保质量、促安全、符合技术规范

工程建设是百年大计,要求质量第一,保证施工安全是每个参与人及全社会的要求。因此,在制订方案时应充分考虑工程质量和施工安全,并提出保证工程质量和施工安全的技术组织措施,使方案完全符合技术规范、操作规范和安全规程的要求。

4.降成本、增效益、应用技术创新

在合同价格的控制下,尽量降低施工成本,使方案更加经济合理,增加施工生产的盈利。从施工成本的直接费(人工、材料、机具、设备、周转性材料等)和间接费中找出节约的途径,采取措施控制直接消耗,减少非生产人员。在技术上尽可能地采用先进的施工技术、施工工艺及新材料,通过技术创新,提高效率,降低成本。

5.充分考虑业主的要求

不同地域、领域的业主对工程要求也不同,要充分认识、理解业主的要求,有针对性和方向性的编制施工方案。

6.符合设计、规范和验收标准要求

设计图纸、规范和验收标准是施工的依据,方案的编制必须以设计图纸为依据,在符合规范和验收标准的前提下进行。

**(三)编制依据**

编制依据包括:施工组织设计、设计技术文件、供货方技术文件、施工现场条件、国家和行业相关标准规范、同类型工程项目施工经验等。

### （四）施工方案的类型

施工方案是依据施工组织设计要求，对专业工程施工而编制的具体作业文件，是施工组织设计的细化和完善。施工方案以专业工程为对象。按施工方案所指导的内容可分为专业工程施工方案和专项工程施工方案两大类[①]。

#### 1.专业工程施工方案

专业工程施工方案是指组织专业工程（含多专业配合工程）实施为目的，用于指导专业工程施工全过程各项施工活动需要而编制的工程施工方案。

#### 2.专项工程施工方案

专项工程施工方案是指《建设工程安全生产管理条例》及相关安全生产法律法规中所规定的危险性较大的专项工程以及按照专项规范规定和特殊作业需要而编制的工程施工方案。

## 二、施工方案的编审和报批

施工方案应由项目负责人主持编制，可根据需要分阶段编制和审批。有些分期分批建设的项目跨越时间很长，还有些项目地基基础、主体结构、装修装饰和机电设备安装并不是由一个总承包单位完成，此外还有一些特殊情况的项目，在征得建设单位同意的情况下，施工单位可分阶段编制施工组织设计。

施工总体方案应由总承包单位技术负责人审批；单位工程施工组织设计应由施工单位技术负责人或技术负责人授权的技术人员审批，施工方案应由项目技术负责人审批；重点、难点分部（分项）工程和专项工程施工方案应由施工单位技术部门组织相关专家评审，施工单位技术负责人批准。

由专业承包单位施工的分部（分项）工程或专项工程的施工方案，

---

① 刘新 . 建设工程专项施工方案编制存在的问题及对策[J]. 建筑工程技术与设计，2019(21)：1651.

应由专业承包单位技术负责人或技术负责人授权的技术人员审批;有总承包单位时,应由总承包单位项目技术负责人核准备案。

规模较大的分部(分项)工程和专项工程的施工方案应按单位工程施工组织设计进行编制和审批。

# 第三节 施工进度计划的编制

施工进度计划是施工组织设计的中心内容,它要保证建设工程按合同规定的期限交付使用。施工中的其他工作必须围绕并适应施工进度计划的要求进行安排。

## 一、施工进度计划的作用

施工进度计划是控制工程施工进度和工程竣工期限等各项施工活动的依据,施工组织工作中的其他有关问题都要服从进度计划的要求,如计划部门提出月、旬作业计划;平衡劳动力计划;材料部门调配材料、构件;设备部门安排施工机具的调度;财务部门的用款计划等均须以施工进度为基础。

施工进度计划反映了工程从施工准备工作开始,直到工程竣工为止的全部施工过程。反映了工程建筑与安装的配合关系,各分部工程及工序之间的衔接关系,所以施工进度计划有助于领导部门抓住关键,统筹全局,合理布置人力、物力,正确指导施工生产活动的顺利进行。有利于施工人员明确目标,更好地发挥主动精神;有利于施工企业内部及时配合,协同作战。

## 二、编制施工进度计划的依据和步骤

### (一)编制施工进度计划的依据

编制施工进度计划的依据包括:工程的全部施工图纸及有关水

文、地质、气象和其他技术经济资料;上级或合同规定的开工、竣工日期;主要工程的施工方案;劳动定额和机械使用定额;劳动力、机械设备供应情况。

### (二)编制施工进度计划的步骤

编制施工进度计划的步骤如下:研究施工图纸和有关资料及施工条件;划分施工项目,计算实际工程数量;编制合理的施工顺序和选择施工方法;计算各施工过程的实际工作量(劳动量);确定各施工过程的劳动力需要量及工种,机械台班数量及规格;设计与绘制施工进度图;检查与调整施工进度。

### 三、施工进度图的形式

施工进度图通常是以图表表示的,主要形式有横道图法、垂直图法和网络图法三种。

### (一)横道图

横道图常用的格式如图4-1所示。它由两大部分组成,左侧部分是分部分项工程名称;右侧部分是指示图表,指示图表用横向线条形象地表示出分部分项工程的施工进度。线的长短表示施工期限;线的位置表示施工过程;线的不同符号表示作业队或施工段别,表示出各施工阶段的工期和总工期,并综合反映了各分部分项工程相互间的关系。

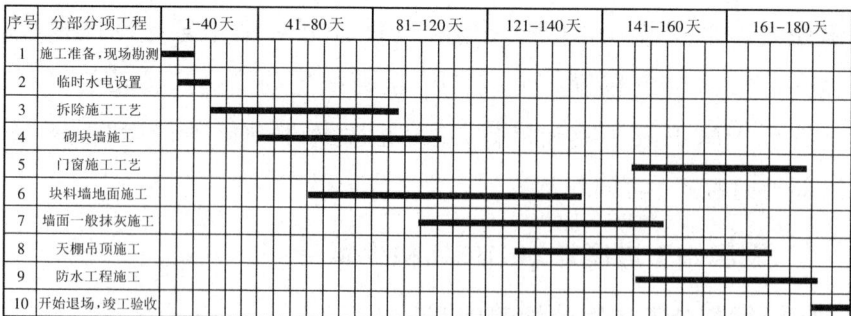

| 序号 | 分部分项工程 | 1-40天 | 41-80天 | 81-120天 | 121-140天 | 141-160天 | 161-180天 |
|---|---|---|---|---|---|---|---|
| 1 | 施工准备,现场勘测 | | | | | | |
| 2 | 临时水电设置 | | | | | | |
| 3 | 拆除施工工艺 | | | | | | |
| 4 | 砌块墙施工 | | | | | | |
| 5 | 门窗施工工艺 | | | | | | |
| 6 | 块料墙地面施工 | | | | | | |
| 7 | 墙面一般抹灰施工 | | | | | | |
| 8 | 天棚吊顶施工 | | | | | | |
| 9 | 防水工程施工 | | | | | | |
| 10 | 开始退场,竣工验收 | | | | | | |

图4-1　施工进度横道图

横道图表示方法比较简单、直观、易懂,容易编制,但也有以下缺点:分项工程(或工序)的相互关系不明确;施工日期和施工地点无法表示,只能用文字说明;工程数量实际分布情况不具体;仅反映出平均施工强度。它适用于绘制集中性工程进度图、材料供应计划图或作为辅助性的图示附在说明书内,用来向施工单位下达任务①。

### (二)垂直图

垂直图表示方法特点是:以纵坐标表示施工日期,以横坐标表示里程或工程位置,而各分部分项工程的施工进度则相应地以不同的斜线表示。图4-2为垂直图的应用实例。

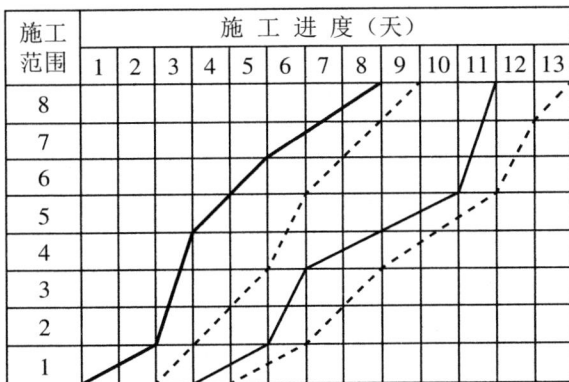

**图4-2 施工进度垂直图**

垂直图的优点是消除了横道图的不足之处,工程项目的相互关系、施工的紧凑程度和施工速度都十分清楚,工程的分布情况和施工日期一目了然,从图中可以直接找出任何一天各施工队的施工地点和应完成的工程数量。但仍有一些不足之处:如反映不出某项工作提前(或推迟)完成对整个计划的影响程度;反映不出哪些工程是主要的,不能明确地表达出哪些是关键工作;计划安排的优劣程度很难评价;不能使用电子计算机,因而绘制和修改进度图的工作量很大。

---

①冯建希,于海峰. 如何做好施工进度计划的编制工作[J]. 山西建筑,2018,44(27):244-245.

## （三）网络图

用网络图来表示施工进度的基本原理及计算，如图4-3为施工进度图的网络表示形式，网络图与横道图、垂直图比较，不但能反映施工进度，而且能更清楚地反映出各个工序，各施工项目之间错综复杂的相互联系、相互制约的生产和协作关系。不论是集中性工程，还是线型工程，都可以用网络图表示工程进度，因此，这是一种比较先进的工程进度图的表示形式，应大力推广使用。

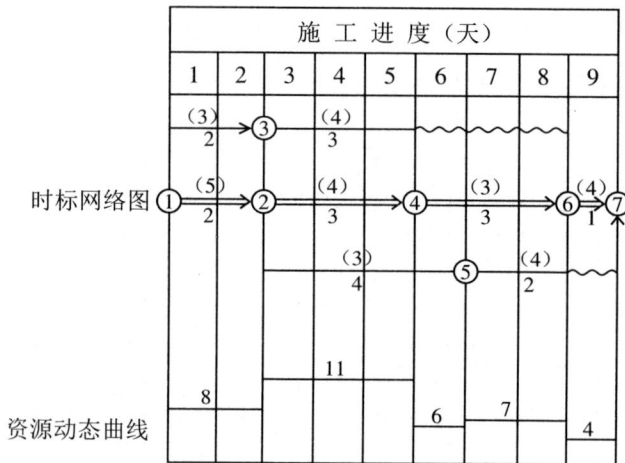

| 施 工 进 度（天） | | | | | | | | |
|---|---|---|---|---|---|---|---|---|
| 1 | 2 | 3 | 4 | 5 | 6 | 7 | 8 | 9 |

图4-3 施工进度网络图

## 四、施工进度计划的编制

## （一）划分施工项目、确定施工方法

在编制单位工程施工进度计划时，首先要划分施工项目的细目，即划分为若干种工序、操作，并填入相应的栏内。划分时应注意：施工项目应与施工方法相一致，使进度计划能够完全符合施工实际进展情况，真正起到指导施工的作用。划分施工项目的粗细程度一般要按施工定额（施工图阶段按预算定额）的细目和子目来填列，这样既简明清晰，又便于查定额计算。施工项目在进度计划表内填写时，应按工程的施工顺序排列（指横道图），而且应首先安排好主导工程。施工项目的划分一定要结合工程结构的特点仔细分项填列，切不可漏填，以免影响进度计划的准确性。

选择施工方法首先要考虑工程的特点和机具的性能,其次要考虑施工单位所具有的机具条件和技术状况,最后还要考虑技术操作上的合理性。确定施工方法后,还应根据具体条件选择最先进的、合理的施工组织方法。

### (二)计算工程量与劳动量

1. 工程量计算

施工进度计划项目列好以后,即可根据施工图纸及有关工程数量的计算规则,按照施工顺序的排列,分别计算各个施工过程的工程数量并填入表中。工程数量的计算单位,应与相应定额的计算单位相一致。

2. 劳动量计算

所谓劳动量,就是施工过程的工程量与相应的时间定额的乘积。如劳动力数量与生产周期的乘积,机械台数与生产周期的乘积。

人工操作时叫劳动量,机械操作时又叫作业量。

劳动量可按式4-1计算:

$$D = \frac{Q}{C} 或 D = Q \cdot S \qquad (4-1)$$

式4-1中:

$D$——劳动量(工日或台班);

$Q$——工程量;

$C$——产量定额;

$S$—时间定额。

劳动量的计量单位,对于人工为"工日",对于机械则为"台班"。计算劳动量时,应根据现行的相应定额(施工定额或预算定额)计算。

受施工条件或施工单位人力、设备数量的限制,对生产周期起控制作用的劳动量称为主导劳动量。一般取生产周期较长的劳动量作为主导劳动量。

在人员、机械数量不变的情况下，采用二班制或三班制将会缩短施工过程的生产周期。当主导劳动量生产周期过于突出时，就可以采用二制班或三班制作业缩短生产周期。

### （三）生产周期计算

由于要求工期不同和施工条件的差异，其具体计算方法有以下两种。

第一种以施工单位现有的人力、机械的实际生产能力以及工作面大小，来确定完成该劳动量所需的持续时间（周期）。一般可按下式4-2计算：

$$T = \frac{D}{R \cdot n} \tag{4-2}$$

式4-2中：

$T$——生产周期（即持续天数）；

$D$——劳动量（工日或台班）；

$R$——人数或机械台数；

$n$——生产工作班制数。

第二种是根据规定的工期来确定施工队（班组）人数或机械台数。

在某些情况下，可以根据已规定的或后续工序需要的工期，来计算在一班制、二班制或三班制条件下，完成劳动量所需作业队的人数或机械台数。一般按式4-3计算：

$$R = \frac{D}{t \cdot n} \tag{4-3}$$

### （四）施工进度图的编制

以上各项工作完成后，即可着手编制不同阶段的施工进度计划。

1.横道图法的编制步骤

横道图法的编制步骤如下：绘制空白图表；根据设计图纸、施工方法、定额、概预算（指施工图设计和施工阶段）进行列项；逐项计算工程量；逐项选定定额；进行劳动量计算；按施工力量（作业队、班、组人数、机械台数)以及工作班制按式计算所需施工周期(即工作日数);按限定的周期以及工作班制、劳动量确定作业队、班(组)的人数或机械台数;按计算的各施工过程的周期,并根据施工过程之间的逻辑关系,安排施工进度日期。其具体做法:按整个工程的开竣工日历与计算的周期,用直线或绘有符号的直线绘制进度图;绘制劳动力安排曲线;进行反复调整与平衡,最后择优订案。

2.垂直图法编制步骤

对于线型工程,当施工方案确定以后,即可按下列步骤绘制用垂直图法表示的施工进度图:绘出图表轮廓及表头;根据工程的开竣工日历,将进度日历绘于图的纵坐标上;将里程及工程的空间组织,即施工平面草图绘于图的下部;进行列项,计算劳动量、周期、劳动力数、机械台数,一般可先列表算好,并与绘图结合,反复平衡优化;按已算出的施工周期,分别以铅笔绘出不同符号的进度线,并按紧凑的原则,使各进度线相对移动至最佳位置。

3.网络计划技术

明确各个工序、各施工项目之间错综复杂的相互联系、相互制约的生产和协作关系;按逻辑关系绘制初始网络图;绘制施工进度网络图。

**(五)施工进度计划的检查与调整**

施工进度计划是一个科学的有机整体,编制的正确与否直接影响工程的经济效益。施工管理的目的是使施工任务能如期完成,并在企业现有资源条件下均衡地使用人力、物力、财力,力求以最少的消耗取得最大的经济效果。因此,当施工进度计划初步完成后,应按照施工过程的连续性、协调性、均衡性及经济性等基本原则进行检查与调整,这是一个细致的、反复的过程。

1.施工工期

施工进度计划的工期应当符合上级或合同规定的工期,并尽可能缩短,以保证工程早日交付使用,从而达到最好的经济效果。

2.劳动力消耗的均衡性

每天出勤的工人人数力求不发生大的变动,即劳动力消耗力求均衡。在编制施工进度图时,应以劳动力需要量均衡为原则,对施工进度进行恰当的安排和必要的调整。

劳动力消耗的均衡性,可用劳动力不均衡系数 $K$ 表示。劳动力不均衡系数的值大于或等于1,一般不超过1.5。其值按式4-4计算:

$$K = \frac{R_{max}}{R_{平均}} \qquad (4-4)$$

式4-4中:

$R_{max}$——施工期中人数最高峰值;

$R_{平均}$——施工期间加权平均工人人数。

3.施工工期和劳动力均衡性的调整

如果要使工期缩短,则可对工期较长的主导劳动量施工采取措施,如增加班制或工人数(包括机械数量),来达到缩短总工期的目的。

若所编计划的工期不允许再延长,而劳动力出现较大的均衡,则可在允许的范围内,通过调整工序的开工或完工日期,使劳动力需要量较为均衡。

某些工程由于特定的条件,工期没有严格限制,而在投资、主要材料及关键设备等某一方面有时间或数量的限制时,就要将这些特定条件作为控制因素进行调整。复杂的工程要获得符合工期、均衡流水原则的最合理的优化计划方案,必须进行多次反复调整计算,这个计算过程十分复杂,当前电子计算机技术的出现,为优化计算提供了理想的工具。

# 第四节 各项资源需求计划

资源需求计划与施工成本有着密切的关系,特别是材料需求计划,编制一定要切合实际,既要保证正常的施工需要,还要保证施工进度加快时的需要,否则计划过大容易增加施工成本,计划过小则影响施工的正常进展。

## 一、资源需求计划的作用

工程项目资源需求计划是在施工方案及施工进度确定的基础上进行编制的,它的作用为:第一,可作为有关职能部门按计划调配各种资源需要量的依据。第二,有利于及时组织劳动力和物资的供应。第三,有利于确定工地临时设施,以保证施工生产的顺利进行;第四,资源需求计划关系到项目流动资金的周转,即资源需求计划影响项目流动资金的周转率和利用率。

## 二、资源需求计划编制的原则

为保证公路施工生产的正常进行,编制资源需求计划应遵循下列原则:遵循国家的法律、法规和各项规定;遵循国家各项物资管理政策和要求;了解市场、掌握市场,按照市场规律编制资源需求计划;按照承包合同要求确定资源需求计划;编制需求计划时,尽量采用当地的资源,以减少运费,降低资源采购成本;用科学的态度,实事求是地编制资源需求计划,计划应留有余地;资源需求计划应保证严肃性和灵活性相结合。

## 三、资源需求计划编制的方法

收集基础资料,包括设计资料、施工组织设计资料、计划年度资金、施工进度计划和本部门规定的主要材料消耗定额。

根据工程量和定额及要求的工期计算完成工程所需的各种资源数量,计算过程中应考虑节假日、雨雪天和施工方法不同对各资源数量产生的影响。

确定计划年度主要工程材料的储备定额,根据完成的工程量和所选材料消耗定额计算材料需要量。

结合施工方案,确定选择机械配备的数量和种类,再根据工程量和机械时间定额,考虑施工所需各种机械的施工作业班制,进行各种施工机械台班需要量的计算。

### 四、资源需求计划编制的程序

编制资源需求计划应考虑周到,切合实际。一般分别从以下三个阶段进行编制。

### (一)准备阶段

要通过调查、研究收集上期计划情况和本期计划的任务,调整储备定额的有关资料以及新技术、新材料、新工艺的使用和市场变化的信息,经过分析加工,去伪存真。

### (二)编制阶段

要核算需要量、确定储备量、查清库存量和可供安排的资源,要进行物资计划的审查,避免漏项和人为的差错,使计划尽可能符合实际。

### (三)执行阶段

要不断检查计划的执行情况,发现问题及时调节处理。

### 五、资源计划图表

### (一)劳动力需要量计划

根据已确定的施工进度计划,可计算出各个施工项目每天所需的出工人数,将同一时间内所有施工项目的人工数进行累加,即可绘出每日人工数随时间变化的劳动力需要量图。同时还可编制劳动力需要量计划,附在施工进度图之后,为劳动部门提供劳动力进退场时间,保证及时调配,做好平衡,以满足施工的需要。如现有劳动力不足或多余时,应提出相应的解决措施,增加施工人数或者增开工作面,以按时或提前完成任务①。

**(二)主要材料计划**

主要材料包括施工需要的钢材、水泥、木材、沥青、石灰、砂、石料等以及有关临时设施和拟定采取的各种施工技术措施用料,预制构件及其他半成品亦列入主要材料计划中。

1.主要材料计划表

材料的需要量,可按照工程量和定额规定进行计算,然后根据施工项目的施工进度编制年、季、月主要材料计划表,主要材料(包括预制构件、半成品)计划应包括材料的规格、名称、数量、材料的来源及运输方式等。材料计划是为物资部门提供采购供应、组织运输和筹建仓库及堆料场的依据。

2.主要材料供应量

在实施性施工组织设计中,还应根据工程进度图、设计文件、设计阶段的"主要材料计划表"和施工单位项目管理有关指标编制材料需求计划图表,它不仅表明材料运到工地的日期和数量关系,而且是计算运输量和运输工具数量的可靠资料。同时,在材料供应图表中亦反映出不同时期内材料的储备数量,用以确定仓库的面积,因而它是实施性施工组织设计中主要图表之一。

"材料供应图表"与设计阶段施工组织计划"材料计划表"的区别在于,一是表中数量除消耗数外,还应包括一定的备用量;二是进一步做出材料供应图。

**(三)主要施工机具、设备计划**

在确定施工方法时,已经考虑了各个施工项目应选择何种施工机具或设备。为了做好机具、设备的供应工作,应根据已确定的施工进

①张兴强.公路工程概预算[M].北京:北京交通大学出版社,2011.

度计划,将每个项目采用的施工机械种类、规格和需用数量以及使用的具体日期等综合起来编制施工机具、设备计划,以配合施工,保证施工进度的正常进行。

主要施工机具、设备需要量包括基本施工过程与辅助施工过程所需的主要机具、设备,并应考虑设备进、出厂(场)所需台班以及使用期间的检修、轮换的备用数量。

### (四)临时工程计划表

临时工程包括:生活房屋、生产房屋、便道、便桥、电力和电信设施以及小型临时设施等。

### (五)重点工程施工进度图

由于公路桥梁施工的项目很多,为了保证如期完成全部施工任务,对大中桥、特殊路段的路基工程(如软土处理、高填方、深路堑大爆破工程、不良地质处治工程等)、立交枢纽等重点工程应分别编制施工进度图。其编制方法同前,只是在施工项目上通常以工序划分。

# 第五节　主要技术组织措施与计划

技术组织措施主要是指在技术和施工组织方面,对确保工程建设质量、施工安全和文明施工所采取的方法。在现代建筑工程施工中,采取的主要技术组织措施包括保证工程质量措施、保证施工进度措施、降低工程成本措施、建筑成品保护措施、保证安全施工措施、施工消防措施和环境保护措施等。

## 一、保证工程质量的措施

保证工程质量的关键是对施工组织设计的工程对象经常发生的质量通病制定防治措施,要从全面质量管理的高度,将措施定到实处,监理质量保证体系,必须以国家现行的施工及验收规范为准则,针对工程的具体特点来编制。在审查施工图纸和编制施工方案时,就应提出保证工程施工质量的措施,尤其是对采用新材料、新工艺、新技术、新设备的建筑工程,更应引起足够重视。

一般来说,保证建筑工程施工质量的措施主要包括以下几个方面:第一,组织相关人员认真学习、贯彻现行施工规范、标准、操作规程和各项质量管理制度,明确技术标准和岗位职责,熟悉施工图纸、会审记录、施工工艺,做好技术交底工作,确保工程的定位、标高、轴线准确无误。第二,制定确保关键部位施工质量的技术措施。如选择精干的施工队伍和合理安排工序的搭接。对于采用新材料、新工艺、新技术、新设备的工程,应先行试验,提出确保质量的具体措施,明确质量标准和做法后再大面积施工。第三,确保工程材料、成品、半成品的质量检验及使用要求,并注意对以上物资的妥善保管,防止其发生变质。第四,建立保证工程质量组织措施,建立质量保证体系,明确责任分工,加强人员培训,执行建筑质量的各级检查、验收制度。有条件的建筑工程,最好实行工程监理制度。第五,制定保证工程质量的经济措施。建立奖罚制度,奖优罚劣,以确保工程质量。

## 二、降低工程成本的措施

目前,随着我国经济体制改革的不断发展,建筑行业构成工程成本比重最大的材料价格不断波动起伏,人工费、机械费也在不断变化,工程成本不断增加。根据多年在施工现场的实践经验,降低工程成本及措施主要从下面几个方面着手。

### (一)科学合理地编制单位工程技术标底和经济标书

在编制工程标底之前,要认真详读施工图纸,知道工程的招标范围有多大,哪些项目不包括在标底之内,深入研究招标文件、合同内容,对招标文件中说得不清楚的项目,应该在编制标底之前向招标单位提出,得到明确答复后再着手编制工程标底。凡是政策允许的条款,要做到点滴不漏,以保证项目的合理收入,确保利润最大化。另外,根据合同规定,预算定额缺项的子目,可由乙方参照相近定额,经监理工程师复核后报甲方认可,在定额换算过程中,预算员可根据设计要求,充分发挥自己的业务技能,提出合理的换算依据,以此来摆脱原有定额偏低的约束。另外,要根据工程设计变更资料,及时办理增减项目的预算,从甲方得到合理补偿,除此之外还应注意以下内容。

1.编制完整的施工组织设计,确定合理的施工方案,实施先进的技术措施

方案中首先要确定经济合理的施工方案,确定所选择的施工机具、施工顺序的安排和流水施工的组织。施工方案不同,工期就会不一样,所需机具也不同,因而产生的费用也不同,所以施工方案的优化选择是施工企业降低成本的主要途径之一。落实先进的施工技术组织措施,以技术优势来取得经济效益,是降低成本的又一个关键,为了保证技术组织的落实,并取得预期效果,工程技术人员、材料员、现场管理人员应明确分工,形成落实技术组织措施的完整性。

2.预算定额的选用和结算文件的执行

编制标底时,当年工程应该选用当年或最新现行预算定额和执行当年结算文件,如有采用新工艺的施工项目,定额中没有相应的项目,应该咨询当地的主管工程造价部门,不可胡编乱造。费用定额中规定的安全生产措施费、规费为不可竞争费用,一般措施费、企业管理费、利润为可竞争费用,应在投标报价中确定或签订施工合同中约定具体标准,确定浮动范围,标底的浮动费率要和投标报价费率相一致。

3.构件、商品混凝土及土石方

确定单位工程中的所有构件是现场制作,还是外购。如有的构件需外购时,要确定外购运输距离;如果现浇钢筋混凝土构件需采用商品混凝土,应确定每立方米混凝土的单价、运输距离、混凝土的垂直或水平的泵送费;土石方外运时,首先确定弃土地点到施工现场的水

平距离及装车、卸车是采用机械还是人工。

4.材料价格

具体包括：标底采用什么时期的材料价格，主材是否按近期的市场价格计算价差；新材料如何定价；是否计算钢筋增减量；是否计算一级钢筋和二级钢筋的价格差，分清定额内所含的是几级钢筋；材料价格大幅度超过预算材料价格，是否计算材料价格差。

5.工程量计算

根据预算定额的计算规则，运用"统筹法"的基本原理来计算工程量，避免出现漏项、重复计算等错误计算现象的发生，熟练运用预算软件，做到工程量计算既快又准。

## (二)降低材料成本,确保工程成本

在基本建设中，材料费一般占工程成本费用的70%左右，因此，材料成本的高低是影响工程成本的关键。建筑工程中所需的材料品种及规格繁杂，进货渠道很多，必须首先把好材料的质量关、价格关和数量关。

1.确定合理的进货渠道

材料价格的高低受进货时间的影响，同种材料进货时间不同，价格也不同。因此，首先从市场信息入手，收集和调查当地建筑材料市场的供应情况和价格高低，并及时参阅工程造价管理部门发布的近期材料价格，选择有质量保证且价格合理的供货渠道。一般采用货比三家的方法，在同质、同价的情况下，依据"选近不选远"的原则，采用"低谷购进"的经济政策，避免受市场材料价格的冲击或货源紧张造成停工待料或用替代产品增加工程造价的局面。

2.严把"三关"

在施工现场经常碰到先期供应的材料质量、数量能按合同要求供应，但在中、后期出现质量降低、数量不足的现象，对质量不符合要求的材料要坚决退货，并对供货商进场质量不符合要求的材料进而影响工程进度进行索赔,对数量不足的材料,按实际验收为准。

3.加强进场材料的现场管理

由于进入施工现场的材料品种多、数量大,现场材料的管理和保管尤为重要。对露天堆放的材料,要求按现场平面布置图的位置分类堆放,做到杂而不乱,避免材料二次运输。对怕雨、怕潮的材料一律入库,按防雨、防潮的要求进行堆放,并定期进行检查,发现问题及时处理,减少人为的损失和浪费。

4.推广限额领料的方法

由于工程所需工种及人员多,采用内部限额领料的办法,实践证明效果很好。对周转性材料和易损性材料采用以旧换新的方法,以此来控制材料的发放和回收。

5.加强现场的文明施工

要求每个工种在当天工作结束时,做到工完场清,能用的材料必须用上,避免砖头不完整、掉落的砂浆遍地等现象发生。

6.合理利用材料

要求各工种对自己所用的材料,要"量体裁衣",合理使用,对边角料也要做到物尽其用,把材料的损耗率降到最低。

### (三)提高劳动生产率和机械利用率

劳动生产率的高低取决于生产工具、技术水平和工人的积极性。一般采用加强工人的技术培训和实践锻炼,实行岗位工资和计件工资制,推行多劳多得,奖优罚劣的办法,调动全体管理人员和工人的积极性,提高劳动生产率,降低工程成本。在节约机械费方面,主要做好工序、工种、机械施工的组织工作,最大限度地发挥机械效能,对机械操作人员,经常进行安全规范教育,防止因不规范操作或操作不熟练而影响正常施工,降低机械使用率。机械维修人员必须对各种机械设备勤检查、勤保养,使机械设备始终保持完好状态。

### (四)定期采用内部预结的方法,实行成本过程控制

建筑工程的主要特点之一就是施工周期长,跨年度施工的工程经常发生。针对建筑工程的这一特点,我们在实际施工中,采用内部定期进行预结算的办法,来掌握工程成本的实际情况。如当年开工、当年竣工的工程,大体划分为基础部分、主体部分和装修部分。高层建筑或跨年度施工的项目,可把主体部分根据情况划分成两段或多段。定期采用内部预结的方法有以下几个优点。

1.准确定位问题所在

分段或分部分进行内部预结算,这样在本段或本部分的预结算中,把实际成本和预算成本相对比,暴露出来的差距要认真分析研究。如实际成本超出预算成本,要认真找出超出预算成本的原因,是人工费成本超支,还是材料费成本超支,还是其他方面原因造成实际成本超过预算成本,针对具体情况,制定具体措施,在下一段或下一部分的施工中避免出现类似现象的发生,并制定已超预算成本的这部分费用的补救措施。如果实际成本低于预算成本,也要认真分析研究,总结经验,在下一段或下一部分的施工中进行推广。

2.检验管理人员水平,增强管理人员的责任心

让所有业务人员和管理人员都知晓分段内部预结的方案,明白自己业务范围内部都需要提供哪些数据。如预算员要提供本部分工程的预算成本(包括设计变更、材料代用等),现场材料人员要提供入库数量、目前库存数量、材料实际使用量等。

在分段内部预结前,组织所有业务人员和管理人员参加,分成几组,落实每组所承担的任务和所需提供的数据。

各组所提供的所有数据,集中到成本核算员手中,进行统一核算,提出工程成本分析报告,交由项目经理审核,提出整改措施方案。

### (五)保质量、保工期、保成本

提高工程质量是工程建设的中心任务,工程质量低劣,拖延工期

势必造成成本生产费用支出增加,成本提高。工期和质量的管理,在具体实施中往往受时间、条件的限制而不能按期顺利进行,这就要求随机应变,合理调度,循序渐进,工程质量随程序一次把关,建立质量控制小组,使管理水平不断提高,不能只追求质量而拖延工期,也不能只保工期而影响工程质量。

### (六)加大管理力度,提高经济效益

在整个企业运营过程中,必须加强和完善内部管理,以监控带动管理,以管理促进生产,从而达到降低成本,提高效益的目的,重点抓好以下几个环节:第一,工程的每一项经济往来要严格履行合同,避免不必要的司法纠纷所造成的经济损失。第二,开发项目的各项工作,实行招标(如设计、地勘、监理、面积测量等),降低前期工作的费用。第三,临时性与永久性的建筑相结合,避免重复施工(如临时道路与正式道路相结合;脚手架基底与散水基础共用;临时围墙与永久围墙等)。第四,实行过程成本控制法,在整个施工中,把成本分解到各道工序里,对各工种进行严格控制,哪道工序亏损,就追究哪道工序的责任,哪个工种亏损,就追究哪个工种的责任,把亏损因素消灭在萌芽状态中。

### 三、建筑成品保护措施

建筑工程的成品要求外表面洁净、美观,面对施工期长、工序、工种复杂的情况,做好成品保护工作十分重要。建筑工程对成品保护一般采取"防护""包裹""覆盖""封闭"四种措施。同时,合理安排施工顺序以达到保护成品的目的。

### (一)防护

针对被防护部位的特点,采取各种防护措施,如楼梯间的踏步在未交付使用之前,用锯末袋或用木板以保护踏步的棱角,对出入口处的台阶可搭设脚手板来防护,对已装饰好的木门口等易被踢的部位,可钉防护板或用其他材料进行防护。

## (二)包裹

将被保护的建筑工程部位用洁净材料包裹起来,以防止出现损伤或污染。如不锈钢柱、墙、金属饰面等,在末交付使用之前,外侧防护薄膜不要撕下并采取防碰撞措施;铝合金门窗可用塑料布包扎保护;对花岗石柱和墙可用胶合板或其他材料包裹捆扎防护等。

## (三)覆盖

对有卫生洁具的房间在进行其他工序施工时,应对下水口、地漏、浴盆及其他用具要加以覆盖,以防止异物落入而被堵塞;石材地面铺设达到强度后,可用锯末等材料进行覆盖,以防止污染或损伤。

## (四)封闭

封闭是对建筑工程的局部采取封闭的办法进行保护,如房间或走廊的石材、水磨石等地面铺设完成后,可将该房间或走廊临时封闭,防止闲杂人员随意进入而损坏;对宾馆饭店客房、卫生间的五金、配件和洁具,安装完毕应加锁封闭,以防止损坏或丢失[①]。

## 四、保证安全施工措施

保证安全施工的关键是贯彻安全操作规程,对施工中可能发生的安全问题提出预防措施并加以落实。建筑工程施工安全的重点是防火、安全用电及高空作业等。在编制安全措施时要具有针对性,要根据不同的施工现场和施工方法,从防护上、技术上和管理上提出相应的安全措施。

建筑工程安全措施主要有以下几项内容:第一,脚手架、吊篮、吊架、桥架的强度设计及上下通路的防护安全措施。第二,安全平网、立网、封闭网的架设要求。第三,外用电梯的设置及井架、门式架等垂直运输设备固定要求及防护措施。第四,"四口""五临边"的防护和主体交叉施工作业、高空作业的隔离防护措施。第五,凡高于周围避雷设施的施工工程、暂设工程、井架、龙门架等金属构筑物所采取的防雷措

---

①高峰,张求书. 公路施工组织与概预算[M]. 北京:北京理工大学出版社,2014.

施。第六,"易燃、易爆、有毒"作业场地所采取的防火、防爆、防毒措施。第七,采用新材料、新工艺、新技术的建筑工程,要编制详细的安全施工措施。第八,安全使用电器设备及施工机具,机械安全操作等措施。第九,施工人员在施工过程中个人的安全防护措施。

## 五、施工消防措施

建筑施工过程中涉及消防的内容比较多,范围比较广,施工单位必须高度重视,制定相应的消防措施。施工现场实行逐级防火责任制,并指定专人全面负责现场的消防管理。

具体措施如下:第一,现场施工及一切临建设施应符合防火要求,不得使用易燃材料。第二,建筑工程易燃材料较多,现场从事电焊、气割的人员要持操作合格证上岗,作业前要办理用火手续,且设专人看火。第三,施工用材的存放、保管应符合防火安全要求,油漆等易燃品必须专库储存,尽可能随用随进,由专人进行保管、发放。第四,各类电气设备、线路不准超负荷使用,线路接头要牢固,防止设备线路过热或打火短路,发现问题及时处理。第五,施工现场按消防要求配备足够的消防器材,使其布局合理,并应经常检查、维护、保养,确保消防器材的安全使用。第六,现场应设专用消防用水管网,较大的工程分区设消防竖管,随施工进度接高,保证水枪射程。第七,室外消火栓、水源地点应设置明显标志,并要保证道路畅通,使消防车能顺利通过。第八,施工现场应设有专门吸烟室,场内严禁吸烟。

## 六、环境保护措施

为了保护和改善生活环境及生态环境,防止由于建筑材料选用不当和施工不妥造成的环境污染,保障用户与工地附近居民及施工人员的身心健康,促进社会的文明发展,必须做好施工用材及施工现场的环境保护工作。

环境保护的主要措施如下:第一,严格遵守《中华人民共和国环境保护法》及其他有关法规,建立健全环境保护责任制度。第二,工程所用的材料,应首先选择有益人体健康的绿色环保建材或低污染无毒建材。严禁使用苯、酚、醛超标的有机建材和铅、镉、铬及其化合物制成的颜料、添加剂和制品等,以达到健康建筑的标准。第三,采取有效措施防治水泥、木屑、瓷砖切割对大气造成的粉尘污染。拆除旧有建筑装饰物时,应随时洒水,减少扬尘污染。第四,及时清理现场施工垃圾,并注意不要随意高空抛撒。对易产生有毒有害的废弃物,要分类妥善处理,禁止在现场焚烧、熔融沥青、油毡、油漆等。第五,对清洗涂料、油漆类的废水废液要经过分解消毒处理,不可直接排放。现制水磨石施工必须控制污水流向,并经沉淀后,排入市政污水管网。第六,施工现场应按照《建筑施工场界环境噪声排放标准》(GB 12523—2011)的规定,制定降噪制度和措施,以控制噪声传播,减轻噪声干扰。第七,凡在居民稠密区或饭店、宾馆等场所进行强噪声作业时,应严格控制作业时间(一般不超过 15 h/d),必须昼夜连续作业时,应尽量采取降噪措施,并报有关环保部门备案后方可施工。

## 七、进度管理计划

项目施工进度管理应按照项目施工的技术规律和合理的施工顺序,保证各工序在时间上和空间上顺利衔接。对项目施工进度计划进行逐级分解,通过阶段性目标的实现保证最终工期目标的完成。

建立施工进度管理的组织机构并明确职责,制定相应管理制度。针对不同施工阶段的特点,制定进度管理的相应措施,包括施工组织措施、技术措施和合同措施等。建立施工进度动态管理机制,及时纠正施工过程中的进度偏差,并制定特殊情况下的赶工措施。根据项目周边环境特点,制定相应的协调措施,减少外部因素对施工进度的影响。

## 八、质量管理计划

按照项目具体要求确定质量目标并进行目标分解,质量目标的内容应具有可测性。应制定具体的项目质量目标,质量目标应不低于工程合同明示的要求,质量目标应尽可能地量化和层层分解到基层,建立阶段性目标。

建立项目质量管理的组织机构并明确职责。制定符合项目特点的技术和资源保障措施,通过可靠的预防控制措施,保证质量目标的实现。建立质量过程检查制度,并对质量事故的处理制订相应规定。

## 九、安全管理计划

安全管理计划包括:第一,确定项目重要危险源,制定项目职业健康安全管理目标。第二,建立有管理层次的项目安全管理组织机构并明确职责。第三,根据项目特点,进行职业健康安全方面的资源配置。第四,建立具有针对性的安全生产管理制度和职工安全教育培训制度。第五,针对项目重要危险源,制定相应的安全技术措施;对达到一定规模的危险性较大的分部(分项)工程和特殊工种的作业应制定专项安全技术措施的编制计划。第六,根据季节、气候的变化,制定相应的季节性安全施工措施。第七,建立现场安全检查制度,并对安全事故的处理做出相应规定。

## 十、环境管理计划

环境管理计划包括:第一,确定项目重要环境因素,制定项目环境管理目标。第二,建立项目环境管理的组织机构并明确职责。第三,根据项目特点,进行环境保护方面的资源配置。第四,制定现场环境保护的控制措施。第五,建立现场环境检查制度,并对环境事故的处理做出相应规定。

## 十一、成本管理计划

成本管理计划包括:第一,根据项目施工预算,制定项目施工成本目标。第二,根据施工进度计划,对项目施工成本目标进行阶段分解。第三,建立施工成本管理的组织机构并明确职责,制定相应管理制度。第四,采取合理的技术、组织和合同等措施,控制施工成本。

第五，确定科学的成本分析方法，制定必要的纠偏措施和风险控制措施。

## 十二、其他管理计划

其他管理计划包括绿色施工管理计划、防火保安管理计划、合同管理计划、组织协调管理计划、创优质工程管理计划、质量保修管理计划以及对施工现场人力资源、施工机具、材料设备等生产要素的管理计划等，可根据项目的特点和复杂程度加以取舍。各项管理计划的内容应有目标、有组织机构、有资源配置、有管理制度和技术、组织措施等。

# 第五章 公路桥梁施工组织管理

施工组织管理是公路桥梁工程建设的重要内容,做好施工组织的管理工作有利于降低公路桥梁工程的建设成本,提高项目工程建设的效益。然而在实际工作中,施工单位通常没有严格按照相关的要求进行,施工组织管理中还存在着一些问题与不足。

## 第一节 公路桥梁施工质量管理

对于整个工程的质量来说,公路桥梁施工管理具有重要作用,必须重点抓好施工过程中的质量控制,加强施工过程中的技术应用,从而使公路桥梁工程的施工质量得以保证,提高公路桥梁工程的使用性能。

### 一、公路桥梁施工质量管理概述

我国日趋完善的城市化基础设施,使加快公路桥梁工程建设成为一种客观需求。对公路桥梁施工中的技术应用及质量控制加强,能够使施工企业的经济效益得到有效的提高,同时还能使得整个社会得到可持续发展,并且对其具有重要的推动作用。因此,当务之急就是探索适合我国国情特点的施工质量管理方式。

#### (一)工程质量概念

1.质量

根据相关标准规定,"质量是指客体的一组固有特性满足要求的程度"。该定义中质量不仅是指产品质量,也可以是某项活动或过程的工作质量,还可以是质量管理体系运行的质量。质量是由一组固有特性组成,这些固有特性是指满足顾客和其他相关方要求的特性,并由其满足要求的程度加以表征。

定义中的特性是指可区分的特征。质量特性是固有的特性,并通过产品、过程或体系设计和开发及实现过程形成的属性。固有的意思是指在某事或某物中本来就有的,尤其是那种永久的特性。赋予的特性(如某一产品的价格)并非是产品、过程或体系的固有特性,不是它们的质量特性。

定义中满足要求就是指应满足明示的(如合同、规范、标准、技术、文件)、通常隐含的(如组织的惯例、一般习惯)或必须履行的(如法律、法规、行业规则)的需要和期望。与要求相比较,满足要求的程度才反映为质量的好坏。对质量的要求除考虑满足顾客的需要外,还应考虑其他相关方的自身利益、提供原材料等的供方的利益和社会的利益等多种需求。例如,需考虑安全性、环境保护、节约能源等外部的强制要求。只有全面满足这些要求,才能评定为好的质量或优秀的质量。

另外,有关方面对产品、过程或体系的质量要求是动态的、发展的和相对的。质量要求随着时间、地点、环境的变化而变化。如随着技术的发展、生活水平的提高,人们对产品、过程或体系会提出新的质量要求。因此,应定期评定质量要求、修订规范标准,不断开发新产品、改进老产品,以满足已变化的质量要求。另外,不同国家不同地区因自然环境条件不同,技术发达程度不同、消费水平不同和民俗习惯的不同会对产品提出不同的要求,产品应具有这种环境的适应性,对不同地区应提供不同性能的产品,以满足该地区用户的明示或隐含的要求。

2.产品质量

产品质量是指产品满足人们在生产及生活中所需要的使用价值

及其属性,体现为产品的内在和外观质量指标。

3. 工程项目质量

工程项目质量包括工程产品实体和服务这两类特殊产品的质量。其中工程实体作为一种综合加工的产品,它的质量是指建筑工程产品适合于某种规定的用途,满足人们要求所具备的质量特性的程度;而"服务"是一种无形的产品,服务质量是指企业在推销、销售、售后服务过程中满足用户要求的程度。其质量特性依服务业内不同行业而异,但一般包括服务时间、服务能力、服务态度等。

公路桥梁工程建设项目具有实行招标投标、投资额大、生产周期长的特点,因此,服务质量同样是公路桥梁工程项目质量的主要组成之一。公路桥梁行业的服务质量既可以是定量的,也可以是定性的,例如,施工工期是定量的,而现场布置、施工单位与现场监理之间的协作配合与工程竣工后的保修等则是定性的。

4. 工作质量

工作质量是指参与工程的建设者,为了保证工程项目质量所从事工作的水平和完善程度。工作质量包括社会工作质量、生产过程工作质量等,它是质量的广义内容。工作质量不像产品质量那样直观,它体现在整个企业的一切技术和管理活动中,要保证工作质量,要求有关部门和人员的精心工作,协调配合,对影响工程质量的所有因素进行严格控制,通过工作质量来保证工程质量[①]。

要保证公路工程建设处于较高的工作质量水平,必须从人员、材料、设备、方法等要素入手。

(1)人员素质

人是生产经营活动的主体,也是工程项目建设的决策者、管理者、操作者,工程建设的全过程,如项目的规划、决策、勘察、设计和施工,都是通过人来完成的。人员的素质,即人的文化水平、技术水平、管理

---

①高永春. 公路桥梁施工项目质量管理探究[J]. 建筑工程技术与设计,2019(35):296.

能力、组织能力、作业能力、控制能力、身体素质及职业道德等,都将直接或间接地对规划、决策、勘察、设计和施工的质量产生影响,而规划是否合理,决策是否正确,设计是否符合所需要的质量功能,施工能否满足合同、规范、技术标准的需要,都将对工程质量产生不同程度的影响,所以,人员素质是影响工程质量的一个重要因素。因此,公路桥梁建设实行经营资质管理和各类专业从业人员持证上岗制度是保证人员素质的重要管理措施。

(2)工程材料

工程材料泛指构成工程实体的各类建筑材料、构配件、半成品等,它是工程建设的物质条件,也是工程质量的基础。工程材料选用是否合理,产品是否合格,材质是否经过检验,保管使用是否得当等,都将直接影响建设工程的结构刚度和强度、工程外表及观感、工程的使用功能和使用安全。

(3)机械设备

机械设备可分为两类:一是指组成工程实体的工艺设备和各类机具;二是指施工过程中使用的各类机具设备。工程使用的机具设备其产品质量优劣,直接影响使用工程质量。施工机具设备的类型是否符合工程施工特点,性能是否先进稳定,操作是否方便安全等,也将影响工程项目的质量。

(4)工艺方法

工艺方法是指施工现场采用的施工方案,包括技术方案和组织方案。前者如施工工艺和作业方法;后者如施工区段空间划分及施工流向顺序、劳动组织等。在工程施工中,施工方案是否合理,施工工艺是否先进,施工操作是否正确,都将对工程质量产生重大的影响。大力推进采用新技术、新工艺、新方法,不断提高工艺技术水平,是保证工程质量稳定提高的重要因素。

## (二)公路桥梁工程质量的特征

公路桥梁工程质量的特征主要表现在以下六个方面。

### 1.适用性

适用性即功能,是指工程满足使用目的的各种性能。包括结构性能,如地基基础牢固程度,结构的强度、刚度和稳定性;使用性能,如路面工程行车平稳度、路面抗滑功能、道路桥梁通达便捷程度等。

### 2.耐久性

耐久性即寿命,是指工程在规定的条件下,满足规定功能要求使用的年限,也就是工程竣工后的合理使用寿命周期。

### 3.安全性

安全性是指工程建成后在使用过程中保证结构安全、保证人身安全和保证环境免受危害的程度。公路桥梁建设工程产品的结构安全度、抗震等能力是否能达到特定的要求是安全性的重要标志。工程交付使用之后,必须保证工程整体及人身财产都有能免遭工程结构破坏带来的伤害。

### 4.可靠性

可靠性是指工程在规定的时间和条件下完成规定功能的能力。工程不仅要求在交工验收时要达到规定的指标,而且在一定的使用时期内要保持应有的正常功能。

### 5.经济性

经济性是指工程从规划、勘察、设计、施工到整个产品使用寿命周期内的成本和消耗的费用。工程经济性具体表现为设计成本、施工成本、使用成本三者之和。包括从征地、拆迁、勘察、设计、采购(材料、设备)、施工、配套设施等建设全过程的总投资和工程使用阶段的维护、保养乃至改建更新的使用维修费用。通过分析比较,判断工程是否符合经济性要求。

### 6.与环境的协调性

与环境的协调性是指工程与其周围生态环境相协调,与所在地区经济环境协调以及与周围已建工程相协调,以适应可持续发展的要求。

上述六个方面的质量特性彼此之间是相互依存的,总体而言,适用、耐久、安全、可靠、经济、环境适应性,都是必须达到的基本要求,缺一不可。

## (三)工程项目质量管理

质量管理就是确定质量方针、目标和职能,并通过质量体系中的质量策划、质量控制、质量保证和质量体系来使其实现所有管理职能的全部活动。而"全面质量管理"是指组织开展以质量为中心、全员参与为基础的一种管理方法,其目标是通过使用户满意,本单位成员和社会受益,以达到长期成功。

### 1.质量策划

质量策划是为质量和采用的质量体系要素确定目标和要求而进行的一系列活动。它包括如下内容:工程策划对质量特性进行识别、分类和重要性评定、确定质量目标、要求和要素条件。管理和作业策划为实施质量体系做准备,包括组织与进度安排。编制质量计划,并为质量改进做好准备。

### 2.质量控制

质量控制也就是施工质量控制,即为满足工程质量要求所采取的施工作业技术和活动。施工作业技术和活动的主要内容是确定控制计划与标准。实施控制计划与标准,并在实施过程中进行连续监视、评价和验证。纠正不符合计划与程序的现象。排除质量形成过程中的不良因素与偏离规范现象,恢复其正常状态。

### 3.质量保证

为使人们确信所建造的公路能满足质量要求,在质量体系内所开展的并按需要进行证实的有计划和有系统的全部活动,称为质量保证。质量保证的核心在于使政府质量监督部门、工程业主和监理部门确信施工单位有能力满足规定的质量要求,给他们提供信任感。

为此,施工单位必须做到下述两点:提供充分必要的证据(记录)和接受评价。例如,政府质量监督部门、工程业主、监理部门和企业高层管理者组织实施的质量审核、质量监督、质量认证、质量评价(评审)。质量保证还分为内部质量保证和外部质量保证。

(1)内部质量保证

为了使本企业高层管理者确信本施工单位具备满足质量要求的能力所进行的活动,称为内部质量保证。其中,包括质量审核、质量体系复审、质量评价、工序质量验证等。它是企业质量管理职能的活动内容之一。

(2)外部质量保证

为了使政府质量监督部门、工程业主和监理部门确信施工单位具备满足质量要求的能力而进行的活动,称为外部质量保证。在外部质量保证活动中,首先应把工程业主对施工单位的质量要求(如依照何种标准,需补充的保证要求及其水平)列入合同;其次,对施工单位的质量体系进行审核、验证和评价。施工单位应向施工监理部门提供有关质量体系能满足合同要求的证据,包含质量手册、程序性文件、质量计划、质量凭证与记录、见证材料等。

4.质量体系

质量体系是为实施质量管理,由组织机构、职责、程序、过程和资源构成的有机整体。其中,"组织机构、职责",是指影响工程质量的组织体制。一般包括:领导职责与质量管理职能;质量机构的设置;各机构的质量职能、职责以及它们之间的纵向与横向关系;质量工作网络与质量信息传递与反馈等。"程序"是指为完成某项活动所规定的活动目的、范围、做法、时间进度、执行人员、控制方法与记录等。这些一般应以管理标准、工作标准、规章制度、规程等予以体现。"有机整体"是指质量体系应由若干相互紧密联系的要素构成。它们一般包括:工程设计、施工承包合同、标准规范、人员、物资采购、施工准备、质量管理方法的应用、工程安全与责任、测量和试验设备的控制、施工过程控制、不合格控制、纠正措施、工程竣工验证、竣工养护、质量文件和记录等。此外,还应有必要的体系文件,即质量手册、程序性文件(包括管理性程序文件、技术性文件)、质量计划等。

## 二、质量体系的建立和运行

施工过程的质量管理是指建立在质量体系的基础上,对施工质量开展一系列管理活动的过程。实行施工过程的质量管理应该有相应的目标、计划、制度和措施,通过组织和人员去落实。

### (一)质量体系概述

1.质量体系类型

(1)质量管理体系

质量管理体系是指为了长期实施连续有效的质量控制而由施工企业所建立的内部质量体系。

(2)质量保证体系

质量保证体系是指在合同条件下,施工企业为了实施业主规定的工程质量要求,并向业主证实质量保证能力所建立的质量体系。

2.质量管理和质量保证标准简介

1987年3月国际标准化组织正式发布《质量管理和质量保证》(ISO 9000)系列标准后,世界各国和地区积极响应,并等同或等效采用该标准。我国于1992年发布了等同采用国际标准的《质量管理和质量保证》(GB/T 19000-ISO 9000)系列标准。这一系列标准是为了帮助企业建立、完善质量体系,提高质量意识和质量保证能力,提高管理素质和市场经济条件下的竞争能力。

（1）系列标准的组成

ISO 9000 系列标准是在《质量——术语》（ISO8402—86）的基础上产生的。我国等同采用 ISO 9000 系列标准制定的 GB/T 19000 系列标准由五个标准组成:《质量管理和质量保证》（GB/T 19000-ISO 9000）、《质量体系——设计/开发、生产、安装和服务的质量保证模式》（GB/T 19001-ISO 9001）、《质量体系——生产和安装的质量保证模式》（GB/T 19002-ISO 9002）、《质量体系——最终检验和试验的质量保证模式》（GB/T 19003-ISO 9003）、《质量管理和质量体系要素——指南》（GB/T 19004-ISO 9004）。

（2）系列标准的分类

《质量管理和质量保证》系列标准分为三类:指导性标准（标准的选择指南）、质量保证模式标准、企业质量体系基础性标准（体系要素）。

ISO 9000 标准为指导性标准,阐述了五个关键质量术语的概念及概念之间的相互关系,规定了使用和选择质量体系标准的原理、原则、程序和方法。该标准在系列标准中起着指导作用,国际标准化组织称它为系列标准中具有交通指南性质的标准。

ISO 9001、ISO 9002、ISO 9003 为质量保证式标准。这类标准适用于合同环境下的外部质量保证,为供需双方签订含有质量保证要求的合同提供了三种质量保证模式,选定的模式标准既可作为生产方质量保证工作的依据,也可作为需方对供方进行质量体系评价的依据以及企业申请质量体系认证的认证标准。

ISO 9004 标准为企业质量体系的基础性标准。该标准从市场经济需求出发,提出并阐述了企业质量体系的原理、原则和一般应包括的质量要素。标准具有高度的普遍性和指导性。对不同行业的生产企业给予指导,是企业质量管理和质量体系的通用参考模式。

这五个标准构成了《质量管理和质量保证》系列标准。五个标准互为关系、互相支持,形成有机的整体。

3.质量体系的有关术语

(1)质量方针

质量方针是由组织的最高管理者正式颁布的该组织总的质量宗旨和质量方向。质量方针是企业总方针的一个组成部分,由最高管理者批准。

(2)质量管理

质量管理是制订和实施质量方针的全部管理职能。质量管理是企业管理职能的一个方面。质量管理包括为实现质量目标而制订的战略规划、资源配备及其他与质量有关的系统的活动,如质量策划、实施和评价等。为达到规定的质量目标,应要求企业的全体职工参加有关活动并为之承担相应的责任,但质量管理的责任应由企业的最高领导者承担。

(3)质量体系

质量体系是为了达到质量目标而建立的综合体。为了履行合同和法令,或进行评价,可要求供方提供体系中要素的证明。

(4)质量控制

质量控制是为了达到质量要求所采取的作业技术和活动。其目的在于监视一个过程并排除质量环上各阶段产生问题的原因,以取得经济效益。在质量管理工作中质量控制已有特定的含义,为避免混淆,当涉及一项具体的质量控制或当涉及一个更广泛的概念时要注意使用限定词,避免产生歧义。例如,"工序质量控制""公司范围质量控制"。

**(二)建立质量体系的基础工作**

从企业生存和发展的角度出发,为了提高竞争能力和市场占有率,企业都要建立质量体系,开展内部与外部质量保证活动。我们所期望的质量体系应是有明确规定的质量方针并能有效运行的质量体

系;能保持和不断改进的质量体系;能形成文件并能提供客观证据的质量体系;符合 ISO 9000 标准要求,与国际接轨的质量体系。根据 GB/T 19004 标准,企业建立质量体系的原则性工作主要为:确定质量环;明确和完善体系结构;质量体系文件化;定期进行质量体系审核与质量体系复审。

1.确定质量环

质量环是从产品立项到使用全过程各个阶段中影响质量的相互作用活动的概念模式,这些阶段包括市场调研、设计、采购、售后服务等,构成了产品形成与使用的全过程。满足要求的产品质量是产品质量环各个阶段质量职能的综合效果。根据《质量管理和质量体系要素——指南》(GB/T 19004)给定的通用的典型质量环,结合施工企业的特定产品对象,无论其工程复杂程度、结构形式怎样变化,无论是高速公路还是一般道路,其建造和使用的过程、程序和环节基本是一致的。

GB/T 19004 标准给定了通用的典型质量环,将产品质量划分为 11 个阶段,即营销和市场调研;设计/规范的编制和产品开发;采购;工艺策划和开发;生产制造;检验、试验和检查;包装和储存;销售和分发;安装和运行;技术服务和维护;用后处理。

公路桥梁工程施工企业特定的产品就是工程,依据 GB/T 19004 标准质量环,对照施工程序,工程施工企业质量环则由以下 8 个阶段组成:工程调研和任务承包;施工准备工作;材料、设备采购;施工生产;试验与检查;建筑物功能试验;竣工交验;回访与保修。

2.完善质量体系结构,并使之有效运行

根据 GB/T 19004 标准的规定,企业决策层和管理层要负责质量体系的建立、完善、实施和各项工作的开展,使质量体系得以有效地运行。一般一个企业只有一个质量体系,其基层单位的质量管理和质量保证活动只能是企业的组成部分,是企业质量体系的具体表现。这样通过相应的组织机构网络,充分发挥质量职能的有效控制,使企业质量体系达到预期的目标。

3.质量体系文件

质量体系文件是质量体系存在和实施的方针性文件。它是指将施工质量管理体系中采用的全部要素、要求和规定,系统地编写成方针性或程序性文件,其中一般包括:质量方针(政策)、质量手册、质量计划、程序文件、质量记录等。

### (三)质量体系的运行

1.建立和完善质量体系

按照国家标准GB/T 19000建立和完善一个新的质量体系的一般工作步骤如下。

(1)企业领导决策

只有企业主要领导下决心走质量效益型的发展道路,亲自组织、实践和统筹安排,才能确保这项工作的顺利开展。因此,企业领导决策是做好质量体系的首要条件。

(2)编制工作计划

编制工作计划即进行培训教育、体系分析、职能分配、文件编制、配备仪器设备等工作内容。

(3)分层次教育培训

组织学习ISO国际、国内系列标准,结合企业特点,研究与本职工作有直接影响的要素,提出质量要素控制的办法。

(4)分析企业特点

结合企业的特点和具体情况,确定采用哪些质量要素控制方法和程序。要素应对控制工程实体质量起主要作用。

(5)落实各项要素

企业在选好合适的控制质量要素后要把各项质量活动落实到具体部门或个人。要把企业的管理标准、工作标准、质量责任制、岗位责任制编制成与质量要素相对应的有效运行文件。

（6）编制质量体系文件·

按文件作用分为法规性和见证性文件两类,第一类是规定各项质量活动的要求、内容和程序的文件;第二类是用以表明质量体系的运行情况和证实有效性的文件。这些文件记载体系的运行情况和工程实体质量的状态,是质量体系运行的见证。

2.质量体系的运行

质量体系运行是执行质量体系文件、实现质量目标、确保质量体系持续有效和不断优化的过程。

（1）组织协调

组织协调工作是维护质量体系运行的动力,就公路工程企业而言,计划部门、施工班组、技术部门、试验部门、测量部门、检查部门都必须在目标与分工等方面协调一致,责任范围内不能出现空当,保持体系的连续性。这些都需要通过组织和协调工作来完成。

（2）质量监督

质量体系在运行过程中,各项活动及其结果不可避免地会发生偏离标准的可能。为此,必须实施质量监督。质量监督是对工程实体进行连续性监视和验证,发现质量偏差,要求企业采取纠正措施,严重时责令其停工整顿,使工程质量符合标准规定。

（3）质量信息管理

质量信息管理在质量体系运行中,通过质量信息反馈系统对信息进行反馈处理,从而使工程实体质量处于受控状态。

（4）质量体系评审

企业定期对质量体系进行审核和评价,其评审内容包括三个方面:一是评审质量体系要素;二是对体系进行管理;三是评价质量体系对环境的适应性。开展质量体系评审是保证质量体系持续有效运行的主要手段。

### 三、施工过程的质量管理

#### (一)施工准备阶段的质量管理

施工准备工作是整个施工活动的主要内容之一。它是根据工程设计及规范文件的要求,把材料、设备、能源、操作人员与专业技术等方面合理地组织起来,明确规定施工方法和程序,分析影响工程质量的因素,采用有效的控制方法,确保施工按照已制订的工艺方法和工艺过程在受控制状态下进行,为工程获得合格的性能质量创造条件。因此,施工准备工作是直接影响工程质量的十分重要的体系要素。施工准备工作包括制订施工质量控制计划,施工工序能力的验证,对原材料、辅助材料、公用设施、环境条件以及工艺文件的质量控制等。

1.制订施工质量控制计划

在施工质量控制计划中,必须有规定的活动内容,有进度、有分析、有检验、有成果表达,要求责任部门认真对待,保质、保量、按期完成。

不同类型的企业、不同类型的工程,其施工质量控制计划的内容不尽相同,主要内容归纳起来有以下几个方面,可根据实际需要来选择采用:审查、研究工程施工的工艺性,以保证工程施工质量,确保施工顺利进行;确定合理的施工工艺方法、工艺路线和计算机软件,编制工艺流程;选择与质量特性要求相对应的机械设备,配备必要的测试仪器、仪表;对采用的新材料、新工艺、新设备进行试验与验证;设计、制造、验证专用的工艺装备、储运工具和辅助设备;制订工序质量控制计划;对于关键工序、部位和环节实行重点的工序控制,对于重点控制的质量特性设置工序质量控制点;编制工程检验计划,指导检验人员开展正常质量检验,主要内容有确定检验程序、检验手段和方法、检验路线、检验设备及工具、检验质量特性、检验标准等;制订合理的材料消耗定额和工时定额;培训操作人员,特别是特殊工种的操作人员,进行资格认可和颁发岗位培训合格证件;分析影响工序质量的因素,并确定其中的主导因素,在施工工序中加以控制;编制各种控制工序质量的文件和图表,如工序质量表、作业指导书、设备定期检修卡、质量控制图、质量检验规范等;研究改进施工质量和工序能力的措施和方法。

2.工序能力的验证

工序能力就是工序能够稳定施工完成合格工程的能力,即指工序处于受控状态下的实际施工能力。由于工序质量是影响工程质量的基本环节,故在工序准备工作中应对工序是否具备施工完成符合工程质量要求的能力进行验证。这就要求抓住对工程有重大影响的重点工序,对影响工序质量的六大因素(操作人员、机械设备、材料、工艺方法、测试手段及环境条件)进行分析与验证,以确保工序能力符合工程设计和规范的质量要求。例如,在大面积施工路面结构层之前,通常选取一个典型路段,作为配置和验证路面铺筑工序能力的试验路段。

3.材料的质量控制

材料的含义包括供应给施工企业的原料、材料、零件、元件、部件、半成品等。一般而言,施工企业的外购材料费用占工程总造价的30% ~ 70%以上。因此,要求供货单位的质量保证是十分重要的。

材料质量控制的主要内容:编制材料采购计划;材料的订购及供应单位(或厂商)的选择;合同签约;材料的验收质量控制;材料保管和发放的质量控制。

## (二)施工过程的质量管理

施工过程的质量管理是从工程开工到竣工的整个过程对工程质量的控制。质量管理的职能是根据设计、技术标准和工艺文件的规定以及施工质量控制计划的要求,对各种影响施工质量的因素具体实施控制活动,以确保施工完成的工程符合设计意图和质量规范的要求。为此,施工过程中应着重控制如下几个环节。

1.加强工艺管理,严格执行工艺规程

施工过程质量控制的核心问题,就是采取各种有效措施,使施工过程处于稳定的控制状态,从根本上减少或消灭不合格项目。尽管影响工程质量的因素很多,但这些因素的变化与工程质量波动的内在联系是有规律的。因此,施工过程的质量控制就是要着重研究和应用这些规律,不断地提高工艺质量。进行岗位培训,明确岗位责任制,严格控制施工,强化工艺纪律,加强工艺文件的管理、工艺更改的监督、特殊工艺的控制、不合格项目的控制、工艺状态的验证等均属于工艺管理的内容。

2.严格把关,强化施工过程中的检验工作

为了保证质量,在施工过程中必然存在一个检验过程。施工过程中质量检验的任务是把好"三关":材料关,即原材料、辅助材料、外购材料、半成品的质量关;工艺关,即施工过程的工艺质量关;成品关,即工程项目施工完成后应符合设计和规范的要求。

质量检验活动应贯穿于工程施工的全过程。开工前做好检验的准备工作,如确定质量检验标准、检验方法和手段以及根据施工工艺过程确定检验范围、配备检查人员、组织检验工作。在检验中,按照工程质量标准要求,用全数检验或抽样检验方法,从材料以及施工过程中的在建项目,直至已完工程的全过程进行检验,并随时做好检验记录,填好统计报表。同时,应妥善保管、分类编目,建立工程质量档案。利用检验所得的数据、资料以及下道工序的意见,及时进行质量分析,发现质量异常波动,迅速反馈给有关部门及管理人员,做到日有日报表,月有月报表,季度、年度有综合质量统计与分析报表。此外,还应制订对每个工程项目、工段、工班和职工的经济考核制度,纳入质量经济责任制。新材料和新技术的试验工作、优化设计各阶段的设计评审、工艺评审以及工程质量评审工作,检验部门都应当参与。

# 第二节 公路桥梁施工成本管理

现代化公路桥梁建设项目,具有规模大、技术复杂、分工细、协作面广、机械自动化程度高等特点,不仅需要现代的科学技术,而且更需要现代的科学管理。在施工项目管理中,最终是要使项目达到质量好、工期短、消耗低、安全好等目标,而成本是这四项目标经济效果的综合反映。因此,施工项目成本是施工项目管理的核心之一。

## 一、施工项目成本管理概述

加强公路桥梁工程项目成本控制是科学细化施工企业管理的关键环节,公路桥梁工程项目成本管理是项目施工管理的核心,加强成本管理有助于实现利润目标,增强企业的竞争力。只有在工程项目全过程中进行成本管理与控制,才能更好地提高经济效益。

### (一)施工项目成本及成本管理的概念

公路桥梁施工企业的基本活动是建造公路建筑产品。在建造公路建筑产品过程中,要发生各种生产耗费,包括劳动对象的耗费、劳动手段的耗费以及劳动力的耗费等,这些耗费的货币表现称为生产费用。施工项目成本是施工企业以施工项目作为成本核算对象,施工过程中所耗费的生产资料转移价值和劳动者的必要劳动所创造的价值的货币形式,也就是某施工项目在施工中所发生的全部生产费用的总和,包括所消耗的主、辅材料,构配件,周转材料的摊销费或租赁费,施工机械的台班费或租赁费,支付给生产工人的工资、奖金以及项目经理部(或分公司、工程处)一级为组织和管理工程施工所发生的全部费用支出。施工项目成本不包括劳动者为社会所创造的价值(如利润),也不包括不构成施工项目价值的一切非生产性支出。

施工项目成本是施工企业的主要产品成本,亦称工程成本,一般以项目的单位工程作为成本核算对象,通过各单位工程成本核算的综合来反映施工项目成本。

施工项目成本管理是根据企业的总体目标和工程项目的具体要求,在工程项目实施过程中,对工程项目的成本进行有效的组织、实施、控制、跟踪、分析和考核的管理活动。它是施工企业项目管理系统中的一个子系统,也是项目管理的核心。加强工程项目成本管理,有助于实现目标利润,提高成本管理水平,降低工程成本,创造良好经济效益,是公路施工企业积蓄财力,增强企业竞争力的必由之路。

公路桥梁项目施工成本,是指在施工现场发生的全部生产费用的总和(制造成本)。它包括消耗的材料、构配件、周转材料的摊销费或租赁费,施工机械的台班费或租赁费,支付给生产工人的工资以及项目部为施工管理所发生的全部费用支出。它研究的是财务成本(即现金成本),是以货币或资金的形式表现的。非财务成本则是一种不能通过资金形式直接表示的成本。非财务成本虽然耗费了资金,它却不能马上表现为现金支出,但是日后也会通过其他途径最终表现在资金形态上,如精神成本、企业形象和企业的声誉。因此,施工成本管理既是对资金要素的管理,又是对各项施工要素管理的综合效果,与其他生产要素管理密不可分。

### (二)施工项目成本的分类

为了明确认识和掌握成本的特性,做好成本管理,可以根据公路桥梁工程施工项目的特点、计算标准的不同和成本管理的要求,对施工项目成本按以下几种标准进行分类[①]。

1.按成本管理的要求分类

(1)预算成本

公路工程项目的产品具有多样性、固定性和生产周期长的特点,对工程项目的建设需要通过编制预算来确定产品价格。预算成本是

---

[①]李双龙. 公路桥梁施工物资成本核算管理及成本控制对策[J]. 山西建筑,2019,45(14):176-178.

根据施工图,按分部、分项工程的预算单价和取费标准计算的工程预算费用。工程预算成本加间接费、利润和税金,即为工程项目的预算造价。在招标投标时,预算造价是施工企业与发包单位签订承包合同和进行工程价款结算的主要指标。

预算成本是确定工程造价的基础,也是编制计划成本的依据和评价实际成本的依据。

（2）计划成本

施工项目计划成本,是指施工项目经理部根据计划期有关资料（如工程的具体条件和施工企业为实施该项目的各项技术组织措施）,在实际成本发生前预先计算的成本,也就是施工企业考虑降低成本措施后的成本计划数。

计划成本反映了企业在计划期内应达到的成本水平,对于加强施工企业和项目经理部的经济核算,建立和健全施工项目成本管理责任制,控制施工过程中生产费用,降低施工项目成本具有十分重要的作用,是施工项目成本分析和考核的重要依据之一。

（3）实际成本

实际成本是施工项目在报告期内实际发生的各项生产费用的总和。它是反映施工企业施工管理水平和考核企业成本降低任务完成情况的重要依据。

实际成本与计划成本比较,可揭示成本的节约和超支,考核企业施工技术水平及技术组织措施的贯彻执行情况以及企业的经营效果。实际成本与预算成本比较,可以反映工程盈亏情况。计划成本和实际成本都是反映施工企业成本水平的,它受企业本身的生产技术、施工条件及生产经营管理水平所制约。

2.按计入成本的方法分类

按照《公路工程基本建设项目概算预算编制办法》（JTGB 06—2007）的规定,公路桥梁施工项目成本可分为直接费、间接费和税金三大类。

3. 按费用与完成工程数量间的关系分类

施工费用支出的数量与工程量成果有依存关系,按这种关系可把施工费用分为变动费用和固定费用。变动费用和固定费用的划分,将有助于进行成本预测、计划和分析,也有助于寻求降低成本的途径。在招投标情况下,还有助于合理确定投标报价策略。

变动费用是指成本总额随业务量的增减变化而成比例变动的费用,如直接用于工程的材料费、实行计划工资制的人工费等。所谓变动,也是就其总额而言,对于单位分项工程上的变动费用通常是不变的。固定费用是指在一定时期和一定生产规模的情况下,其耗费总额不受业务量增减变化的影响,基本保持一个常数或相对固定的费用。如折旧费、大修理费、管理人员工资、办公费等。一般来说,企业每年的固定成本基本相同。但是,当工程量超过一定范围则需要增添机械设备和管理人员,此时固定成本将会发生变动。此外,所谓固定,指其总额而言,对于分配到每个单位工程量上的固定费用则是变动的。

### (三)施工项目成本管理的基本原则

施工项目成本管理是企业成本管理的基础和核心,施工项目经理部在对项目施工过程进行成本管理时,必须遵循以下基本原则。

1. 成本管理科学化原则

成本管理是企业管理学中一个重要内容,企业管理要实行科学化,必须把有关自然科学和社会科学中的理论、技术和方法运用于成本管理。例如,在施工项目成本管理中,可以运用预测与决策方法、目标管理方法、量本利分析方法和价值工程方法等。

2. 成本管理最低化原则

施工项目成本管理的根本目的是通过运用成本管理的各种手段,不断降低施工项目的成本,达到可能实现最低的目标成本的要求。但是,在实行成本最低化原则时应注意研究降低成本的可能性和成本最低的合理性,一方面挖掘各种降低成本的潜力,使可能性变为现实;另一方面要从实际出发,制定通过主观努力可能达到合理的最低成本水平,并据此进行分析、考核和评比。

3.成本管理责任制原则

为了实行全面成本管理,施工项目经理部应对企业下达的指标负责,班组和个人对项目经理部的成本目标负责,以做到层层分解,以分级、分工、分人的成本责任制作保证,定期考核评定。成本责任制的关键是划清责任,并与奖惩制度挂钩,使各部门、各班组和个人都来关心施工项目成本。

4.成本管理有效化原则

所谓成本管理有效化,主要有两层含义。一是以最少的人力和财力,完成较多的管理工作,提高工作效率;二是促使施工项目经理部以最少的投入,获得最大的产出。

提高成本管理有效性,一是采用行政方法,通过行政隶属关系,下达指标,制定实施措施,定期检查监督;二是采用经济方法,利用经济杠杆、经济手段实行管理;三是用法制方法,根据国家的政策方针和规定,制定具体的规章制度,用法律手段进行成本管理。

5.成本管理全面性原则

全面成本管理是全企业、全员和全过程的管理,亦称"三全"管理。长期以来,在施工项目成本管理中,存在"三重三轻"问题,即重实际成本的核算和分析,轻全过程的成本管理和对其影响因素的控制;重施工成本的计算分析,轻采购成本、工艺成本和质量成本;重财会人员的管理,轻群众性的日常管理。为了确保不断降低施工项目成本,达到成本最低化目的,必须实行全面成本管理。

## 二、施工项目成本计划与控制

### (一)施工项目成本计划

在施工企业的综合经营计划中,不仅要有工作量完成计划、机械使用计划和劳动力调配计划等,还要有成本计划、利润计划。施工企业的施工项目成本计划是在成本预测的基础上进行的,是施工企业为确定计划年度降低成本水平和成本目标而编制的指导性计划,是计划年度施工企业各项降低成本措施及其经济效益的综合反映。它是施工单位进行成本管理基础和重要手段之一。编制施工项目成本计划,必须指标先进、切实可行、有科学论证、能落实到具体部门去实行。

1.施工项目成本计划表

成本计划就是费用开支计划。计划成本(目标成本)是费用开支的最高限额。成本计划要有效地控制工程成本,就必须充分重视成本计划的编制。

(1)材料成本控制计划表

按投标报价计算的单位估价表中的材料用量汇总统计。材料细目的粗细程度可根据需要列出,见表5-1。

表5-1 材料成本控制计划表

| 序号 | 材料名称 | 单位 | 用料量 | | 单价/元 | | | 总价/元 | | | 备注 |
|---|---|---|---|---|---|---|---|---|---|---|---|
| | | | 控制数 | 发生数 | 投标估价 | 控制价 | 实际发生价 | 投标计算 | 控制数 | 实际发生 | |
| 一 | 钢材 | | | | | | | | | | |
| 1 | 钢筋 φ6～φ10 | t | | | | | | | | | |
| 2 | 钢筋 φ12～φ25 | t | | | | | | | | | |
| 3 | 钢筋φ25 以上 | t | | | | | | | | | |
| 4 | 高强度钢丝 | t | | | | | | | | | |
| …… | | | | | | | | | | | |
| 二 | 水泥 | | | | | | | | | | |
| 1 | 普通水泥 | t | | | | | | | | | |
| 2 | 耐酸水泥 | t | | | | | | | | | |

续表

| 序号 | 材料名称 | 单位 | 用料量 | 单价/元 | | 总价/元 | | | 备注 |
|---|---|---|---|---|---|---|---|---|---|
| …… | | | | | | | | | |
| 三 | XXX | | | | | | | | |
| …… | | | | | | | | | |
| | | | | 总价 | | XX | XX | XX | |

由于材料是分批购买的,因此,在表5-1中又可以将实际发生的单价及总价多列几栏,以便在控制过程中根据情况列出已发生数和今后预测的调整数等。

(2)设备成本控制计划表

如同材料一样,列出细目进行控制,见表5-2。

表5-2　生产设备成本控制表

| 序号 | 设备名称 | 规格型号 | 单位和数量 | 单价/元 | | | 总价/元 | | | 备注 |
|---|---|---|---|---|---|---|---|---|---|---|
| | | | | 投标估价 | 控制价 | 实际发生价 | 投标计算 | 控制数 | 实际发生 | |
| 一 | XX分部工程 | | | | | | | | | |
| 1 | XX机械 | | | | | | | | | |
| 2 | XX动力设备 | | | | | | | | | |
| 二 | XXX | | | | | | | | | |
| …… | | | | | | | | | | |
| | | | | 总计 | | | XX | XX | XX | |

(3)临时工程费用成本控制计划表

根据施工组织设计中临时工程项目内容制订计划,因工程规模和工期长短不同而不同,工程费用的差别是很大的。例如,工期较长的工程,合理安排各类工人进场和退场时间,可以最大限度地利用工人的住宿营地,以减少营地建筑面积,见表5-3。

表5-3 临时工程成本控制表

| 序号 | 内容名称 | 单位 | 数量 | 单价/元 | 总价/元 |
|---|---|---|---|---|---|
| 一 | 营地建设 | m² | | | |
| 二 | 工地办公室 | m² | | | |
| 三 | 临时生产面积 | m² | | | |
| …… | | | | | |
| 四 | 临时供水 | m² | | | |
| 五 | 临时供电 | m² | | | |
| 六 | 临时道路 | m² | | | |
| …… | | | | | |
| | | | | | |
| | | | | 总计 | |

(4)技术组织措施计划表

技术组织措施是指在保证工程质量的前提下,改进工艺技术手段、节约工料机械费等措施。一般包括行之有效的技术措施及推广应用新结构、新材料、新机具、新工艺等开拓降低成本新领域的措施。技术组织措施表是预测项目计划期内施工项目成本各项直接成本计划降低额的依据,见表5-4。

表5-4 技术组织措施表

| 措施项目 | 措施内容 | 涉及对象 | | | 降低成本来源 | | | 成本降低额 | | | |
|---|---|---|---|---|---|---|---|---|---|---|---|
| | | 实物名称 | 单位 | 数量 | 预算收入 | 计划开支 | 人工费 | 材料费 | 机械费 | 其他直接费 | 合计 |
| | | | | | | | | | | | |
| | | | | | | | | | | | |
| | | | | | | | | | | | |
| | | | | | | | | | | | |

2.施工项目成本计划的编制程序

（1）资料准备与分析

成本计划的编制过程是充分利用资料、研究分析资料和利用各种资料对规划计划年度降低成本水平和成本目标进行决策分析的过程。资料是编制成本计划的基础和主要信息来源。

编制成本计划所必需的基础资料有：①国家和上级主管部门下达的降低成本计划指标及其相关指标。②施工单位年度与制定成本计划有关的各项经营管理计划，主要包括施工生产计划、劳动工资计划、物资供应计划、技术组织措施方案、年度报表、成本报表、施工图预算、施工预算和施工组织计划等资料。③材料、工时、施工机械台班消耗等市场信息的各项技术经济定额和费用开支标准。④施工单位以前年度有关施工项目成本计划、实际和分析资料。⑤其他有关资料。

上述资料经收集后，还要进行初步整理与分析，检查资料的真实性、完整性、代表性，剔除虚假因素和排除偶发因素干扰，认真比较，分析历史成本资料之间的差异，从中找出成本变化的一般规律。

（2）确定计划成本目标

项目经理部的财务部门在掌握了丰富的资料，并加以整理分析，特别是在对基期成本计划完成情况进行分析的基础上，根据有关的设计、施工等计划，按照工程项目应投入的物资、材料、劳动力、机械、能源及各种设施等，结合计划期内各种因素的变化和准备采取的各种增产节约措施，进行反复测算、修订、平衡后，估算生产费用支出的总水平，进而提出全项目的成本计划控制指标，以确定目标成本。然后，把目标成本以及总的目标分解落实到各个相关部门、班组。

（3）编制成本计划草案

对大中型项目，经项目经理部批准下达成本计划指标后，各职能部门应充分发动群众进行认真的讨论，在总结上期成本计划完成情况的基础上，结合本期计划指标，找出完成本期计划的有利和不利因素，提出挖掘潜力、克服不利因素的具体措施,以保证计划任务的完成。为了使指标真正落实,各部门应尽可能将指标分解落实下达到各班组及个人,使得目标成本的降低额和降低率得到充分讨论、反馈、修订,使成本计划既能够切合实际,又成为群众共同奋斗的目标。

各职能部门应认真讨论项目经理部下达的费用控制指标,拟订具体实施的技术经济措施方案,编制各部门的费用预算。

## (二)施工项目成本控制

所谓成本控制,就是在施工过程中,对工程成本的形成进行监督,并及时纠正而使工程成本限制在计划范围内,以实现降低成本的目标。施工项目成本控制具有三方面的含义:一是对目标成本本身的控制;二是对目标成本形成过程的控制和监督;三是在过程控制的基础上,着眼于未来,为今后成本的控制积累经验。

1. 施工项目成本控制的依据

(1)计划指标

施工企业分解下达的成本计划指标是控制成本的基本依据,它包括单位工程成本计划、工程成本计划降低额和工程成本计划降低率等。为了便于掌握,还应根据需要将上述计划指标进行必要的分解。按分级管理要求可将成本计划指标进行纵向分解落实到基层单位;按归口管理要求可将成本计划指标分解落实到各个职能部门。在以上各部门、各基层单位控制的指标中,有的指标直接和成本相联系,属于成本指标;也有些指标,如质量、工期、安全、劳动生产率、设备利用率等,其本身虽然不是成本指标,但这些指标完成的好坏,必然引起成本水平的升降。所以,成本控制不应局限于几个成本指标,而必须同时从增产和节约两方面着手,这样才能抓好成本控制工作。

(2)施工定额

施工定额具体包括劳动定额、材料消耗定额、机械台班定额以及间接费用定额,这些定额是控制成本的辅助依据。

劳动定额是企业编制施工预算、施工组织设计和作业计划的依据，也是施工队向班组签发工程任务单、控制人工支出的依据。

材料消耗定额也是编制施工预算、施工组织设计和作业计划的依据，是确定材料和工程用料的标准。

机械台班定额是完成单位工程所必需的机械台班消耗标准。在编制施工预算时，应根据施工组织设计、工期和现场实际情况计算出所需台班数量，并据以控制台班支出。

间接费用定额是工程施工现场管理机构为组织管理施工生产所发生的费用消耗标准，是编制间接费计划和控制间接费支出的依据。

（3）其他内部管理制度

施工企业其他内部管理制度，如材料领用、退回、盘点、奖励制度等，也是控制成本的辅助依据。

2.施工项目成本控制的基本要求

（1）掌握标准

在确定了成本控制的目标和标准后，各职能部门、各生产岗位和职工就要依据成本进行控制。掌握标准，要严格按照标准办事，实事求是，如实反映情况，对变化作具体分析，灵活应对。

（2）分析差异

在施工过程中，通常由于某些原因，使实际发生的成本数额与预定的标准产生偏差，造成目标成本超支或节约。差异反映了各部门、岗位的工作质量和效果，要及时对成本进行分析，研究节约或超支的各种原因及其对完成成本计划的影响。

（3）调整偏差

对发生的成本差异，应在查明原因的基础上，由成本管理人员定期向领导做实绩报告，提供成本差异信息，以便及时对原有不切实际的成本标准进行调整或修改。

### 三、施工项目成本核算、分析与考核

#### (一)施工项目成本核算

施工项目成本核算是根据工程施工特点和管理要求,对施工生产过程中的各项耗费进行审核、记录、汇集和分配,以计算工程的实际成本。通过成本核算可以了解成本水平,根据成本核算资料分析成本升降的原因,从而采取措施,挖掘降低成本的潜力,并为编制成本计划提供依据。施工企业实施项目法施工后,工程成本核算一般实行公司、项目两级核算或实行公司、分公司、项目三级核算。项目经理部根据公司(或分公司)下达的成本指标,核算本项目包括现场管理费在内的直接工程费,即制造成本。公司(或分公司)核算当期管理费、财务费和其他费用,即当期损益。

施工项目成本核算是施工项目成本管理中最基本的职能,离开了成本核算,就谈不上成本管理,也就是说谈不上其他职能的发挥。施工项目成本核算在施工项目成本管理中的这种重要地位体现在两个方面:首先,它是施工项目进行成本预测,制订成本计划和实行成本控制所需的重要信息来源;其次,它是施工项目进行成本分析和成本考核的基本依据。

1.施工项目成本核算的任务

鉴于施工项目成本核算在施工项目成本管理中所处的重要地位,施工项目成本核算应完成以下基本任务。

执行国家有关成本开支范围、费用开支标准、工程预算定额、企业施工预算、成本计划的有关规定,控制费用,促使项目合理,节约地使用人力、物力和财力。这是施工项目成本核算的先决前提和首要任务。

正确及时地核算施工过程中发生的各项费用,计算施工项目的实际成本。这是项目成本核算的主体和中心任务。

反映和监督施工项目成本计划的完成情况,为项目成本预测、技

术经济评价、参与经营决策提供可靠的成本报告和有关信息,促进项目改善经营管理,降低成本,提高经济效益。这是施工项目成本核算的根本目的。

2.施工项目成本核算对象的确定

成本核算对象是指在计算工程成本时,确定归集和分配生产费用的具体对象,即生产费用承担的客体。合理地划分施工项目成本核算对象,是正确组织工程项目成本核算的前提条件。

确定施工项目成本核算对象的原则,应以每一独立施工图预算所列的单位工程为依据,并结合施工现场条件和施工管理要求,因地制宜地确定成本核算对象。在实际成本核算中,施工项目成本核算对象的确定,一般有以下几种方法:第一,以每一独立编制施工图预算的单位工程为成本核算对象。一个单位工程由几个施工单位分包施工时,各施工单位都应以同一单位工程为成本核算对象,各自核算其自行施工的部分。第二,对于规模较大、工期较长或者采用新技术、新工艺、新材料、新结构的单位工程,可将工程划分为若干部位,以分项工程作为成本核算对象。第三,同一个施工项目,同一施工地点,同一结构类型,开、竣工时间接近的若干个单位工程,合并作为一个成本核算对象。第四,改建、扩建的零星工程,可以将开、竣工时间接近,属于同一施工项目的几个单位工程合并为一个成本核算对象。第五,土石方工程、打桩工程可以根据实际情况和管理需要,以一个单位工程作为成本核算对象,或将同一施工地点的若干个工程量较小的单位工程合并作为一个成本核算对象。

3.施工项目成本核算的内容及工作流程

工程施工过程中发生的各项施工费用,首先按照确定的成本核算对象和成本项目进行归集,能够直接计入有关成本核算对象的,直接计入,不能直接计入的,采用一定的分配方法计入各成本核算对象的成本;其次计算出各施工项目的实际成本,将实际成本与预算成本、计划成本对比核算。

对比核算的内容,包括项目总成本和各个成本项目的相互对比,用以观察分析成本升降情况,同时作为考核的依据。比较的方法有两种:通过实际成本与预算成本的对比,考核工程项目成本的降低水平;通过实际成本与计划成本的对比,考核工程项目成本的管理水平。

### (二)施工项目成本分析

施工项目成本分析是对企业成本形成情况进行评价、剖析、总结的工作。通过施工项目的成本分析,一方面确定实际成本达到的水平,查明影响成本升降的因素,揭示节约和浪费的原因,寻找进一步降低成本的方法和途径(包括项目成本中的有利偏差的挖潜和不利偏差的纠正);另一方面,可从账簿、报表反映的成本现象看清成本的实质,从而增强项目成本的透明度和可控性,为加强成本控制,实现项目成本创造条件。由此可见,施工项目成本分析是施工项目成本管理的重要组成内容。

1.施工项目成本分析的内容

从总体上说,施工项目成本分析的内容应该包括以下三个方面。

(1)按项目施工的进展进行的成本分析

按项目施工的进展进行的成本分析包括:分部分项工程成本分析、月(季)度成本分析、年度成本分析、竣工成本分析。

(2)按成本项目进行的成本分析

按成本项目进行的成本分析包括:人工费分析、材料费分析、机械使用费分析、其他工程费分析、间接成本分析。

(3)针对特定问题和与成本有关事项的分析

针对特定问题和与成本有关事项的分析包括:施工索赔分析、成本盈亏异常分析、工期成本分析、资金成本分析、技术组织措施节约效果分析以及其他有利因素和不利因素对成本影响的分析。

2.施工项目成本分析的方法

进行成本分析,要采用一定的技术方法。由于施工项目成本涉及的范围很广,成本分析的技术方法也是多种多样的,具体采用什么方法,取决于分析的内容、特点和要求。在工程成本分析中通常采用的方法主要有以下几点。

(1)比较法

比较法又称指标对比分析法。它是通过技术经济指标的对比,确定指标之间的差异,为深入分析形成差异的原因和影响程度指出方向的一种方法。这种方法,具有通俗易懂、简单易行、便于掌握的特点,因而得到了广泛的应用,但在应用时必须注意各技术经济指标的可比性。

(2)比率法

比率分析是指把分析对比的数值变成相对数,以观察其相互之间的关系、构成或变化动态的方法。分析的内容和要求不同,计算比率的方法各异。

(3)因素分析法

在成本分析中,对一些由多因素构成的经济指标,通常在采用上述的对比分析法确定其总差异数值之后,还要进一步分析形成差异的原因。在这种情况下,就有必要采用因素分析法,解析差异总值的形成,为更加深入具体的分析指明方向。

所谓因素分析法,是指利用指数分析法,通过指数体系,分析各种因素的变动对施工项目工程成本的影响程度,从数量上说明成本变动的具体原因。

# 第三节 公路桥梁施工安全管理

公路桥梁施工的安全生产管理是工程项目管理的关键,是建设优质公路桥梁工程的必要条件。公路桥梁施工安全生产与一般建筑施工安全生产有着不同的特点,在安全生产管理工作中要不断学习、不断总结安全管理工作经验,并及时调整改进安全生产管理办法。

## 一、公路桥梁工程项目安全管理的原则

由于公路桥梁工程建设具有生产规模大、周期长,参与人数多,生产环境复杂多变,安全生产难度大等特点。我国目前实行"企业负责、行业管理、国家监察、群众监督、劳动遵章守纪"的安全生产管理体制。

企业对安全生产负责的关键是要做到"三个到位",即责任到位、投入到位、措施到位。公路工程施工安全管理的原则主要有以下几点。

### (一)管生产必须管安全的原则

管生产必须管安全的原则是公路桥梁施工企业必须坚持的基本原则,是指企业主管生产的各级管理人员在生产过程中必须坚持抓生产的同时抓安全。管生产必须管安全的原则体现了"安全为了生产,生产必须安全";体现了在计划、布置、检查、总结、评比生产工作的同时,计划、布置、检查、总结、评比安全生产工作。即实现生产与安全的"五同时"。

### (二)谁主管谁负责、一把手负总责的原则

"谁主管谁负责、一把手负总责"作为企业安全生产的原则,首先明确了企业法定代表人是安全生产第一责任人,对本企业安全生产应负全面责任。分管安全生产工作的副职,在其分管和涉及安全生产内容的同时,也应承担相应的领导责任。企业在制定安全生产领导责任

制的同时,还应当制定安全生产责任制。这样才能保证企业的生产管理做到全面覆盖,使安全责任落实到位。真正形成主要领导负总责,分管领导具体抓,其他领导协助办,各部门各司其职、各尽其责,齐抓共管的安全生产工作新局面。

### (三)预防为主的原则

预防为主的原则就是把安全生产工作的关口前移,超前防范,建立预教、预测、预想、预报、预警、预防的递进式与立体化事故隐患预防体系,改善安全状况,预防安全事故。

### (四)动态管理的原则

动态管理的原则即安全管理过程是一个动态的管理过程。随着施工项目进展,安全管理的内容和重点也在发生着变化。所以,在公路桥梁工程施工安全管理方面要坚持动态管理的原则。

### (五)计划性、系统性原则

安全管理的两个显著特点即计划性和系统性。安全管理和其他管理大同小异,都要将计划性与系统性列入年度或月度计划中去。企业的安全管理要依据企业安全生产实际和上级主管部门的要求,合理确定企业某时期的安全生产方向、目标值以及实现安全目标的主要措施。

### (六)奖优和罚劣相结合的原则

在公路桥梁工程施工安全管理当中既要采用奖励的手段,也要采用惩罚的管理手段,奖优要本着精神鼓励与物质鼓励相结合的原则。

### (七)"安全第一"的强制性原则

"安全第一"就是要求在进行生产和其他活动时把安全工作放在一切工作的首要位置。当生产和其他工作与安全发生矛盾时,要以安全为主,生产和其他工作要服从安全。

### (八)以人为本的原则

在公路桥梁工程施工安全管理中,要处处把人的安全放到首位,以人为本,以人的生命为本,关爱生命、关注安全,从而做到安全发展。

### (九)"四不放过"的原则

"四不放过"的原则是指在发生安全生产事故时,必须坚持事故原因不查清不放过、事故责任人没处理不放过、事故相关者没得到应有的教育不放过、事故的防范措施不落实不放过的处理方法[①]。

### 二、公路桥梁施工项目安全管理的范围和要求

公路桥梁工程施工安全管理的范围包括:路基、路面、桥梁、陆地、高空、爆破、特殊设备等各种施工过程的安全管理。

### (一)路基工程施工的安全管理范围和要求

1.路基工程施工安全管理的范围

路基工程施工安全管理的范围包括:土方施工、石方施工、高边坡施工、爆破作业、机械作业、挡护工程等。其中各个管理方面都包含了对过程中起到能动作用的人的管理和施工中的各种机械、工具等的管理以及对施工环境的安全管理,即人们常说的"人、机、料、法、环"五个方面。

2.路基工程施工安全管理的一般要求路基工程施工安全管理必须建立健全路基施工安全保障体系,由项目经理部牵头,全面落实安全生产责任制,建立相应的安全生产预防、预警、预控、安全检查、隐患排查、事故报告与处理、应急处置等安全生产保障措施。

施工现场布置应有利于生产,方便职工生活。施工现场内的坑、沟、水塘等边缘应设安全护栏,场地狭小以及行人和运输繁忙的地段应设专人指挥交通。

路基用地范围内对通信、电力设施、上下水道(管)等,均应协助有关部门事先拆迁或改造,对文物古迹应妥善保护,下挖工程开挖前,应根据设计文件复查地下构造的埋置位置及走向,并采取相应的安全防

---

护措施。施工中如发现可疑物品时,应停止施工,报请有关部门处理。

路基施工机械设备应有专人负责保养、维修和看管。各种机械操作人员、电工必须持证上岗,同时经常加强对驾驶员、电工及路基作业人员的安全教育。路基施工现场必须做好交通安全管理工作。夜间施工,路口、边坡顶必须设置警示灯或反光标志,专人管理灯光照明。

现场操作人员必须按规定佩戴个人安全防护用品,机械燃料库必须设消防防火设备。施工现场易燃品必须分工放置,保证一定的安全距离。

### (二)路面工程施工的安全管理范围和要求

1.路面工程施工的安全管理范围

路面工程施工的安全管理范围包括:沥青路面工程的安全管理、水泥混凝土路面工程的安全管理。

2.路面工程施工安全管理的一般要求

确定施工方案,及时准确发布路面施工信息。详细划分施工区域,设置好安全标志,严格按警告区、上游过渡区、缓冲区、作业区、下游过渡区、终止区来划分施工区域。施工现场所有施工人员应统一穿着橘黄色的反光安全服,施工时还应设专职的交通协管员和专职安全员,而且安全员分班实行24h施工路段安全巡查。施工车辆必须配置黄色闪光标志灯,停放在施工区内规定的地点。不得乱停乱放,要摆放整齐,特别在进出施工场地时,要绝对服从专职交通协管员的指挥,不得擅自进出。在施工区域两端应设置彩旗、安全警示灯、闪光方向标,给施工车辆和社会车辆以提示作用。

### (三)桥梁工程的安全管理范围和要求

1.桥梁工程的安全管理范围

桥梁工程的安全管理范围包括:桩基工程的安全管理、墩台工程的安全管理、墩身和盖梁工程的安全管理、桥面工程的安全管理等。其中各个管理方面都包含了对施工中人的安全管理、机械、工具等的安全管理以及施工环境的安全管理。此外,桥梁工程施工安全还要注意高处作业安全、缆索吊装施工安全、门架超重运输安全、混凝土浇筑安全、泵送混凝土安全、模板安装及拆除安全、脚手架安全、支架施工安全、钢筋制作安全、焊接安全等。

2. 桥梁工程施工安全管理的一般要求

高墩、大跨、深水、结构复杂的大型桥梁施工,应对施工现场进行重大安全风险辨识与评估,并制定相应的安全技术措施。工程开工之前,应根据《公路工程施工安全技术规程》的要求制订出相应的安全技术操作规程,并及时向施工人员进行安全技术交底。施工人员进入施工现场须正确佩戴个人安全防护用品、用具,严防高处坠落、物体打击、触电或其他各类机械、人为的伤害事故发生。施工前应对施工现场安全防护设施、临时用电、临时机电机具、特殊设备设施等进行全面的安全检查,确认符合安全要求后方可施工。

**(四)陆地工程的安全管理范围和要求**

陆地工程的安全管理范围包括:各类人员的安全培训考核;特殊工种持证上岗以及各种安全技术交底;针对人员的安全管理;针对运输车辆、吊车、装载机、拌和站、摊铺机、压路面等的机械机具安全管理;针对施工现场各种安全防护、标识标语等环境的安全管理。

陆地工程安全管理必须保证公路桥梁 工程项目在施工过程中,以安全为目的的标准化、科学化管理。

**(五)高空工程施工的安全管理范围和要求**

1. 高空工程安全管理的范围

高空工程安全管理的范围包括:高空作业人员管理、从业人员的安全培训、安全技术交底、现场安全监督检查;高空作业临时防护及高空作业平台、高空防坠落等现场环境安全管理;高空作业机械、机具、各种用电等设施的安全管理。

**2.高空工程施工安全管理的一般要求**

高空作业施工前,应逐级进行安全技术教育及交底,落实所有安全技术措施和个人防护物品,未经落实时不得进行施工。高处作业时的安全标志、工具、仪表、电气设施和各种设备,必须在施工前加以检查,确认其完好,方能投入使用。悬空、攀登高处作业以及搭设高处安全设施的人员必须按照国家有关规定经过专门的安全作业培训,并取得特种作业操作资格证书后,方可上岗作业。

从事高空作业的人员必须定期进行身体检查,诊断出患有心脏病、贫血、高血压、癫痫病、恐高症及其他不适宜高处作业的疾病时,相应人员不得从事高处作业。高空作业人员应佩戴安全帽,身穿紧口工作服,脚穿防滑鞋,腰系安全带。在有坠落可能的部位作业时,必须把安全带挂在牢固的结构上,安全带应高挂低用,不可随意缠在腰上,安全带长度应超过3m。作业时要严格遵守各项劳动纪律和安全操作规程,严禁酒后和过度疲劳的人员进行登高作业。

高空作业场所有可能坠落的物体,应一律先行撤除或予以固定。所用物件均应堆放平衡,不妨碍通行和装卸。工具应随手放入工具袋,拆卸下的物件及余料、废料均应及时清理运走,清理时应采用传递的方式,禁止抛掷。

遇有六级以上的强风、浓雾和大雨等恶劣天气时,不得进行露天悬空与攀登高处作业。台风暴雨后,应对高处作业安全设施逐一检查,如发现有松动、变形、损坏、脱落、漏雨、漏电等现象,应立即修理完善或重新设置。

所有安全防护设施和安全标志等,任何人不得损坏或擅自移动和拆除。因作业必须临时拆除或变动安全防护设施、安全标志时,必须经有关施工负责人同意,并采取相应的可靠措施,作业完毕后立即恢复。

施工中对高空作业的安全技术设施发现有缺陷和隐患时,必须立即报告,及时解决。危及人身安全时,必须立即停止作业。高处作业上下应设置联系信号或通信装置,并指定专人负责。

### (六)爆破工程施工的安全管理范围和要求

1.爆破工程的安全管理范围

爆破工程的安全管理范围包括:对操作人员进行的培训和考核、技术交底、考试取证、安全教育等安全管理;对炸药、雷管、导火索以及其他爆破器材等物的安全管理;对爆破现场的安全距离、安全防护、安全警示等的环境的安全管理。

2.爆破工程施工的一般要求

从事爆破工程的施工单位必须取得相应的爆破资质,方能从事爆破工程施工作业。爆破工程施工前,施工方案必须报有关部门审批后才能实施。

按照《爆破安全规程》的规定,爆破作业人员应参加培训经考核取得有关部门颁发的相应类别和作业范围、级别的安全作业证,持证上岗。因此,爆破工程施工的作业人员必须按照国家有关规定经过专门的安全作业培训,并取得特种作业操作资格证书后,方可上岗作业。

破作业和爆破作业单位爆炸物品的购买、运输、储存、使用、加工、检验与销毁的安全技术要求及管理工作要求,应严格按照《爆破安全规程》的相关规定实施。

### (七)特种设备的安全管理范围和要求

1.特种设备的安全管理范围

特种设备的安全管理范围包括:特种设备的购买、租赁与安装;特种设备持证情况,包括设备的出厂合格证、检验合格证、使用地报检合格证、操作人员特殊工种证等;特种设备的保养、维修、使用、检验检查记录;操作人员安全教育、技术交底等。

2.特种设备安全管理的一般要求

特种设备安全管理必须按《特种设备安全监察条例》的有关要求制定相应的安全管理措施。塔式(门式)起重机、施工电梯、物料提升

机等施工起重机械的操作人员、指挥、司索人员等属特种作业,必须按国家有关规定经专门安全作业培训,取得特种作业操作资格证书,方可上岗作业。

起重机械在安装、拆卸、加高作业前,应根据作业特点编制专项施工方案,并进行方案及安全技术交底。起重吊装作业时周边应设置警戒域,设置醒目的警示标志,防止无关人员进入。起重吊装作业过程必须遵守起重机"十不吊"原则:①指挥信号不明或乱指挥不吊;②物质质量不清或超负荷不吊;③斜拉物体不吊;④重物上站人或有浮置物不吊;⑤工作场地昏暗,无法看清场地、被吊物及指挥信号不吊;⑥遇有拉力不清的埋置物时不吊;⑦工件捆绑、吊挂不牢不吊;⑧重物棱角处与吊绳之间未加衬垫不吊;⑨结构或零部件有影响安全工作的缺陷或损伤时不吊;⑩钢(铁)水装的过满不吊。

# 第四节 公路桥梁施工资料管理

公路桥梁施工资料管理是指工程资料的填写、编制、审批、收集、整理、组卷、移交及归档等相关工作。主要是对文字材料、图纸、图表、声像材料等。

## 一、公路桥梁工程资料组成

公路桥梁工程资料主要由常用资料和工程资料两大部分组成。

### (一)常用资料术语

1.工程资料

工程资料是在工程建设过程中形成的各种形式的信息记录,包括基建文件、监理资料、施工资料和竣工图。

2.基建文件

基建文件是建设单位在工程建设过程中形成的文件,分为工程准备和竣工验收等文件。

(1)工程准备文件

工程准备文件即工程开工以前,在立项、审批、征地、勘察、设计、招投标等工程准备阶段形成的文件。

(2)竣工验收文件

竣工验收文件即建设工程项目竣工验收活动中形成的文件。

3.监理资料

监理资料是监理单位在工程设计、施工等监理过程中形成的资料。

4.施工资料

施工资料是施工单位在工程施工过程中形成的资料。

5.竣工图

竣工图是工程竣工验收后,真实反映建设工程项目施工结果的图样。

6.工程档案

工程档案是在工程建设活动中直接形成的具有归档保存价值的文字、图表、声像等各种形式的历史记录。

7.立卷

立卷是按照一定的原则和方法,将有保存价值的文件分类整理成案卷,亦称组卷。

8.归档

归档是在文件的形成单位完成其工作任务后,将形成的文件整理立卷后,按规定移交档案管理机构。

### (二)工程资料分类与管理

**1.工程资料分类**

在公路桥梁工程建设施工过程中,其产生的资料大致可分为基建文件、监理资料和施工资料三大类。工程资料应按照收集、整理单位和资料类别的不同进行分类。施工资料分类应根据工程类别和专业系统进行划分。施工过程中工程资料的分类、整理和保存应执行国家及行业现行法律、法规、规范、标准及地方有关规定。

**2.监理资料管理**

监理工程师应按照合同约定审核勘察、设计文件。监理工程师应对施工单位报送的施工资料进行审查,使施工资料完整、准确,合格后予以签字确认。

**3.施工资料管理**

施工资料应实行报验、报审管理。施工过程中形成的资料应按报验、报审程序,通过相关施工单位审核后,方可报建设(监理)单位。施工资料的报验、报审应有时限性要求。工程相关各单位宜在合同中约定报验、报审资料的申报时间及审批时间,并约定应承担的责任。当无约定时,施工资料的申报、审批不得影响正常施工。工程实行总承包的,应在与分包单位签订施工合同中明确施工资料的移交套数、移交时间、质量要求及验收标准等。分包工程完工后,应将有关施工资料按约定移交。

**4.施工资料报验程序**

施工资料的报验程序应根据《公路工程施工监理规范》(JTGG10-2006)中的要求同步进行,其报验程序如下。

(1)开工报告

各合同段在工程开工前及相应的单位工程、分部工程或分项工程开工前,高级驻地监理工程师均应要求承包人提交工程开工报告并进行审批。工程开工报告应提出工程实施计划和施工方案;依据技术规范的要求,列明工程的质量控制指标及检验频率和方法;说明材料、设备、劳力及现场管理人员等资源的准备情况及阶段性配置计划;提供放样测量、标准试验、施工图等必要的基础资料。

(2)工序自检报告

监理工程师应要求承包人的自检人员按照专业监理工程师批准的工艺流程和提出的工序检查程序,在每道工序完工后首先进行自检,自检合格后,申报专业监理工程师进行检查认可。

(3)工序检查认可

每道工序完成后,专业监理工程师应紧接着承包人的自检或在承包人的自检的同时检查验收并签认,对不合格的工序应要求承包人进行缺陷修补或返工。前道工序未经检查认可,不得进行后道工序的施工。

(4)中间交工报告

当单位工程、分部工程或分项工程完成后,承包人的自检人员应再进行一次系统的自检,汇总各道工序的检查记录以及测量和抽样试验的结果,提出交工报告。

(5)中间交工证书

专业监理工程师应按照工程量清单,对已完工的单项工程进行一次系统的检查验收,必要时应进行测量或抽样试验。检查合格后,提请高级驻地监理工程师签发《中间交工证书》。未经中间交工检验或交工检验不合格的工程,不得进行下道工序的施工。

(6)中间计量

签发了《中间交工证书》的工程可以进行计量,由高级驻地监理工程师签发《中间计量表》,但竣工资料不全的应暂缓计量支付[1]。

---

[1]杨晓莉. 道路桥梁施工安全管理问题及措施分析[J]. 中国科技纵横,2019(15):111-112.

## 二、公路桥梁工程资料员工作职责

### (一)资料员任职资格

公路桥梁工程资料员必须具备一定的知识,否则将很难胜任。根据公路桥梁工程实践,项目资料员必须具有公路桥梁工程相关专业中等以上文化程度,具有一定的文书处理能力。资料员必须具有工程识图及结构构造的相关知识,了解现场施工程序及各种关键数据。资料员必须了解施工企业的承包方式、合同签订、施工预算、现场经济活动分析管理的基本知识,应了解与工程项目设计、施工验收和安全生产有关的法律法规及规范。除应具有一定的计算机应用能力外,还应了解国家和项目所在地各级政府有关档案管理的规定。

### (二)资料员岗位职责

资料员应及时收集、分析市场信息,加强对工程资料的现代化管理。及时收集、整理工程施工各类图纸以及补充资料,做好工程资料收发、运转、管理等工作,做到文件资料管理规范完整。掌握施工技术质量资料的归档要求;积极参与施工生产管理,做好资料的管理和监控和工程图纸的收发和审核,对工程资料和工程图纸等进行独立组合案卷与归档。处理好各项公共关系,包括与业主、项目经理、技术主管,上级主管部门以及其他相关部门的关系,同时还要处理好与档案管理部门的关系。

### (三)资料员具体工作

1.工程资料的收集

资料员收集工程资料必须及时,保持与实际施工进度同步,并将工程建设资料管理纳入项目管理的程序中。资料员应参加生产协调会、项目管理人员工作会议等,及时掌握施工管理信息,便于对资料的管理和监控。资料员对收集到的资料应认真审核,不符合规定的,应返回施工单位予以修改或重做。对分包单位必须提供的施工技术资料,从项目经理、技术主管到资料员应严格把关,所提供的资料不符合要求的,不预结算工程款(包括对供货单位)。资料员对收集到的资料应及时整理、立卷与归档。

2.工程资料分类与保管

为保证工程资料管理的规范化、制度化和科学化,资料员应根据以下标准对资料进行分类:按工程资料的归档对象进行划分,如归业主的资料,应划归企业档案;按工程资料的内容进行划分;按工程同类资料产生时间的先后顺序划分。

工程资料的存放和保管方法根据本单位的实际情况确定,且必须符合档案管理的相关规定。工程档案库应按本单位档案管理规定和要求建立,并报请本地档案管理机构组织档案管理验收。工程档案库必须安全、清洁,并做到"六防",即防火、防盗、防虫、防霉、防尘和防光。工程资料应按相关规定移交、归档。项目通过竣工验收后,一个月内交企业档案室;按有关规定和时限移交城建档案馆;按合同规定的时限提交业主。借阅工程资料时,必须履行相关手续,且不得损坏或遗失。工程资料的收回、销毁,按本单位和本地档案管理的有关规定执行。

3.工程资料的登记

工程资料的登记包括:第一,工程资料收发登记,无论是收回文件,还是发放文件,资料员应对这些文件进行逐件登记并备案,便于管理。第二,工程资料借阅登记,工程资料整理归档完毕后,由于工作的需要,单位领导或工作人员经常需阅读相关文件资料,资料员应建立资料登记制度,详细列出查阅文件的时间、供阅人、借阅目的及归还日期。第三,工程资料传阅登记,在文件处理过程中,如文件份数少而需要多人阅读,则需要传阅文件,因此建立文件传阅登记制度。

4.工程资料的复印

工程资料一般不得复印,但下列文件除外:非密级文件、投标标书、票据、凭证、少量一次性非常规表格等,此外,也包含那些必须复印，又具有应急性、单件性或少量性特点的其他资料。工程资料的复印由资料员统一管理，凡是受控文件不得擅自复印，必须复印的文件在进行复印前应经主管领导批准。需要复印的文件材料，有关部门应预先考虑其使用前景，适当增加自存数，避免临时突击复印。如单位另有复印部门，则工程资料复印前必须先填写复印申请单，由部门负责人签字确认，复印主管部门应同时作好记录。未经签证的文件，复印部门可以拒印。如需转发复印上一级单位文件，必须按有关规定办理相关手续，否则不得复印。密级文件复印须经本单位主管领导批准。复印的文件如无批准证明，资料员可不予复印。

5.单位印章的管理

印章是本单位对内对外行使权利的凭证。使用本单位印章必须严格执行上级的有关规定和印鉴管理规定。使用本单位印章必须登记齐全、完整，必须详细登记用印时间、单位、用印人、批准人以及用印内容等事项。印章都要有专人保管，印章使用必须符合用印范围。除正常的业务报表外，凡需使用党政印章者，必须经党政领导批准，未经党政领导批准的，印鉴管理部有权拒绝用印。

# 第五节　公路桥梁施工验收管理

《建设项目环境保护管理条例》要求建设单位自主开展建设项目环保竣工验收工作。新环境下如何规范地开展项目竣工自主验收、把控竣工环保验收工作质量，是当下迫切需要解决的实际问题。

## 一、公路桥梁工程交工管理

项目交工验收是工程建设中比较重要的环节，重点检查施工合同的执行情况，评价工程质量，对各参建单位进行初步评价。

### (一)工程交工类型

在公路桥梁工程建设中,根据交工工程的情况,大致可分为以下两类。

1.合同工程交工

合同范围内的全部工程已基本完成。监理工程师收到承包人的交工申请报告,并经过对工程的全面检查,认为符合合同文件要求时,应及时向承包人签发全部工程的交工证书。若不符合合同文件要求,监理工程师应书面提出承包人尚应完成的工作。

2.部分工程交工

监理工程师按照上述的原则,就下列情况可以向承包人签发部分工程的交工证书:工程的任何主要部分已完成,能够独立交付使用;合同中规定有不同交工工期的任何部分工程;已由业主占用或使用的任何工程。

### (二)交工验收的主要工作内容

交工验收的主要工作内容包括:检查合同执行情况;检查施工自检报告、施工总结报告及施工资料;检查监理单位独立抽检资料、监理工作报告及质量评定资料;检查工程实体,审查有关资料,包括主要产品质量的抽(检)测报告;核查工程完工数量是否与批准的设计文件相符,是否与工程计量数量一致;对合同是否全面执行、工程质量是否合格做出结论,按交通主管部门规定的格式签署合同段交工验收证书;按交通部规定的办法对设计单位、监理单位、施工单位的工作进行初步评价。

### (三)公路桥梁工程交工验收应具备的条件

公路桥梁工程交工验收应具备的条件包括:工程已按施工合同和设计文件要求建成,具有独立使用价值;按相关要求编制完成竣工文件;设计、施工、监理等单位已准备好总结报告材料;质量监督部门已完成工程质量检测、检验并编写完成工程质量鉴定书。

### (四)公路桥梁工程交工验收程序

施工单位在全面完成承包的工程并经监理工程师同意后,应向建设单位提出申请,建设单位核实其是否具备交工验收条件,及时组织验收。

交工验收组应认真听取和审议以下报告:建设单位关于工程项目执行情况的报告;设计单位关于工程设计情况的报告;施工单位关于工程施工情况的报告;监理单位工程监理(含变更设计)情况的报告。

交工验收组在听取报告、审查资料和实地察看的基础上,对质量监督部门提出的工程质量鉴定意见和评分进行审议和确认。

通过交工验收的工程必须写出交工验收报告,由建设单位按隶属关系报请上级交通主管部门或竣工验收主持单位核定。

对交工验收合格的工程,应安排养护管理。对于交工验收不合格或有缺陷的工程及未完工程,应由原承包单位限期修复、补救、完成,其费用自理。

## 二、公路桥梁工程竣工管理

### (一)竣工验收的内容

竣工验收的内容包括:成立竣工验收委员会;听取项目法人、设计单位、施工单位、监理单位的工作报告;听取质量监督机构的工作报告及工程质量鉴定报告;检查工程实体质量、审查有关资料;按交通运输部规定的办法对工程质量进行评分,并确定工程质量等级;按交通运输部门规定的办法对参建单位进行综合评价;对建设项目进行综合评价;形成并通过竣工验收鉴定书。

### (二)公路桥梁工程竣工验收应具备的条件

公路桥梁工程竣工验收应具备的条件包括:通车试运营2年以上;交工验收提出的工程质量缺陷等遗留问题已全部处理完毕,并经项目法人验收合格;工程决算编制完成,竣工决算已经审计,并经交通运输主管部门或其授权单位认定;竣工文件已完成"公路桥梁工程项目文件归档范围"的全部内容;档案、环保等单项验收合格,土地使用手续已办理;各参建单位完成工作总结报告;质量监督机构对工程质量检测鉴定合格,并形成工程质量鉴定报告。

### (三)竣工验收程序

竣工验收主持单位收到建设单位申请验收报告后,应及时核查交工验收的工程及竣工文件,符合竣工验收条件的应及时组织验收。

竣工验收委员会由验收主持单位、建设单位、交工验收组代表、接管养护、质量监督、造价管理、有关银行、土地管理、环境保护等单位的代表组成。大中型项目和技术复杂的工程,应邀请有关专家参加验收工作。国防公路应邀请军队代表参加。

竣工验收委员会为全面掌握工程建设情况,应认真听取和审议如下报告:建设单位关于工程项目执行情况的报告;设计单位关于工程设计情况的报告;施工单位关于工程施工情况的报告;监理单位关于工程监理情况(含变更设计)工作的报告;质量监督部门关于工程质量监督工作的报告;交工验收组(代表)关于工程交工验收情况的报告。

以上各单位报告中应对建设管理、设计、施工、监理单位的工作情况做出综合评价。竣工验收委员会在全面听取报告及检查有关资料、现场察看的基础上,对工程质量、建设、设计、施工、监理等单位进行综合评分。竣工验收委员会对合格的建设项目签发《公路工程竣工验收鉴定书》,由主持验收单位负责印发各有关单位。经竣工验收的工程,各标段《工程质量鉴定书》由工程所在地公路工程质量监督部门签发[①]。

---

①王俊平. 公路桥梁施工中的质量管理研究[J]. 建筑技术开发,2017,44(8):93-94.

# 第六章 公路桥梁养护管理理论

公路桥梁工程养护管理具有重要意义,能及时修复路面缺陷,提高路面使用寿命,为车辆的安全顺利通行创造良好条件。结合公路桥梁工程养护实际情况,探讨养护管理的意义,指出养护管理存在的问题,并提出改进和完善对策。

## 第一节 公路桥梁养护管理工程建构

随着我国公路建设的发展,排查安全隐患,对于存在隐患的桥梁的维修加固已经变成我国公路桥梁的重要工作。为了保证我国人民的生命财产安全,有关的部门必须加大公路桥梁的管理工作。只有加强对桥梁公路的管理,才可以保证公路的健康运行,将其使用寿命延长,对于加快我国交通基础设施的建设也有十分重大的意义。

### 一、公路桥梁养护管理工程概述

公路桥梁养护管理工程就是从管理层面研究公路桥梁养护问题的学科。追根溯源,公路桥梁养护管理工程是公路桥梁工程、管理工程与养护工程三大学科相互渗透并在其边缘之上发展起来的学科。公路桥梁工程的学科背景对其提出了定量分析的要求,如数学计算或工程建构结构分析等;管理工程的学科背景对其提出了定性分析的要求,如逻辑推理或辩证思维等;养护工程的学科背景对其提出了定性、定量分析相结合的要求,特别对养护经验的积累与沉淀做出了要求。

公路桥梁养护分为维护、小修、中修和大修。目前全国各地对养护范围的划分也不尽一致,维护一般指保护性措施,如公路桥梁的保洁、疏通排水、勾堵缝隙、小量喷涂、零星补修、伸缩缝修理、护坡整修等。中修和大修的界限更难划分,故通常将中修和大修放在一起统称为大中修。公路桥梁大中修工程的作业范围就比较广泛了,一般划分是凡属小修工程的项目,除全桥改建工程外都属于大中修工程范畴,其主要内容有较大数量的修理的项目,合桥喷涂,更换构件、加固、加宽、加长以及各种改善性工程等。

**二、公路桥梁养护管理工程的研究**

公路桥梁养护管理工程是研究公路桥梁养护管理活动及规律的科学,其研究内容为:公路桥梁养护管理理念、公路桥梁养护资源管理、公路桥梁养护质量控制与安全控制等[①]。

**(一)公路桥梁养护管理理念**

公路桥梁直接关系着行车安全与道路畅通以及公众的人身安全。近年来各国相继发生在役桥梁和在建桥梁的垮塌事故,不仅让人们心存担忧,而且还引起了各国政府及世界桥梁工程界的高度关注。公路桥梁工程结构安全性与可靠性及其所涉及的技术、管理、投资的立法问题,都已成为当前世界关注的焦点,既是发展中国家面临的技术课题,也是发达国家正在探讨和亟待解决的问题。中国工程院院士范立础说:"桥梁是生命线工程,其结构应该有更高的整体牢固性能。除了结构的每一构件需有足够的承载能力外,结构安全性需有整体牢固性加以保证。"他还说:"桥梁结构和人一样,要养护,要有维修检测的记录。多年来,我们很少反思结构设计规范在安全设置水准上的重大缺陷。"很少有人去反思公路桥梁施工、养护管理中存在的问题和缺陷。公路桥梁施工、养护、维修检测的记录以及实践中的宝贵经验,值得我们去好好地研究和探索,以形成系统化、理论化的公路桥梁养护管理

---

①申强. 公路常用桥梁养护管理指南[M]. 北京:人民交通出版社,2018.

工作理念,来指导我们的实践,引导公路桥梁养护管理工作实现新突破。

1."桥路共养,桥梁优先"的管养理念

随着社会经济的发展和技术的进步,部分老旧公路桥梁如何适应当前车辆荷载要求等方面的问题日显突出。社会需要公路桥梁承载着更大的交通量和承载量,公路桥梁的健康与安全维系着公路的安全与畅通。公路桥梁运营时,由于频繁承载,甚至超载,再加上自然界乃至自然灾害的侵袭以及交通事故等人为事端的侵袭,会造成损伤和局部破坏。随着使用年限的增长,公路桥梁的损伤种类和损伤部位会越来越多,其程度也会越来越严重。如果因设计和施工原因,导致一段公路桥梁"先天不足",加上"后天失养",则运营中无疑是雪上加霜,问题丛生,病害会加剧,将难以维持正常使用状态。对运营的公路桥梁进行科学的、经常性养护维修与管理,显得越来越重要。"桥路共养"是历史的必然,也是社会发展的需要。只有认真地、不间断地进行公路桥梁维修,才能保持公路桥梁的每个组成部分均处于健康状态,确保公路桥梁抵抗自然灾害的能力,在保证安全运营的同时,最大限度地实现和延长公路桥梁的设计使用寿命。

2."预防为主,安全至上"的工作方针

交通部《公路桥梁养护管理工作制度》指出公路桥梁养护管理应贯彻"预防为主,安全至上"的工作方针。这一工作方针是公路桥梁养护管理工作的出发点和落脚点,指明了公路桥梁养护管理工作的思路和目的。"预防为主"体现了"凡是预则立,不预则废"的理念。高度重视公路桥梁养护管理工作,坚持公路桥梁日常巡查、日常养护,做到365天不放松,采取科学有效的措施进行公路桥梁预防性养护,保持公路桥梁健康,延长公路桥梁寿命。"安全至上"体现了"以人为本,以车为本"的理念。公路桥梁管理单位严格执行公路桥梁养护管理的各项规章制度,及时进行公路桥梁检查、检测和评定,按照公路桥梁技术状况分类采取养护对策,在未实施维修改造工程前,全部实行24h监控制度,认真组织实施养护维修、加固、改造工程,确保公路桥梁的安全运营。

3."统一领导,分级管理"的管理体制

交通部《公路桥梁养护管理工作制度》总则第六条,明确了公路桥梁养护管理实行"统一领导、分级管理"的管理体制,根据"事权一致、责任清晰"的原则,按照监管单位和管养单位进行划分:省级公路局对全省干线公路桥梁养护负监管责任;市级公路局对全市干线公路桥梁养护负监管责任;县级公路局对辖区干线公路桥梁养护负管理责任;公路站对辖区干线公路桥梁养护负具体管理责任;各级公路管理机构根据上级主管部门确定的职责,负责所管养公路桥梁的养护管理工作。上级公路管理机构对下级公路管理机构具有监管职能。各级公路管理机构必须明确负责桥梁养护管理工作的分管行政领导和具体技术人员,保证公路桥梁养护管理的各项职责得以贯彻落实。

4."公路桥梁养护工程师"制度

公路桥梁养护专业性强,技术含量高,公路桥梁养护工程师作为公路桥梁养护措施的制定和实施者,是保障公路桥梁养护质量优良的关键。按照监管单位和公路桥梁管养单位对公路桥梁养护工程师的职责、基本任职条件、定期培训考核等内容,分别进行了规定。公路桥梁管养单位的养护工程师应具有3年以上从事公路桥梁养护管理工作经历,具有工程师及以上技术职称;公路桥梁养护管理监管单位的公路桥梁养护工程师应具有5年以上从事公路桥梁养护管理的工作经历,具有高级工程师及以上技术职称。应定期对持证公路桥梁养护工程师进行技术培训,并核发上岗证。公路桥梁养护管理技术人员经培训并参加考核合格后,才可持证上岗。

5.公路桥梁养护工程"四制管理"模式

公路桥梁小修保养、中修工程由管养单位组织实施,大修、改建工程由地市级及以上公路局组织实施。公路桥梁大修、改建工程应实行项目业主责任制、招投标制、工程监理制和合同管理制的"四制管理"模式,通过招投标择优选择具备相应资质和能力的施工和监理单位。情况特殊不进行招投标的项目,应对被委托人的资质、业绩和信誉等有关情况进行审查。市级公路局制定和完善公路桥梁养护工程市场管理的规章制度,并对从业单位及人员实行信用管理,加强公路桥梁检测、设计、施工、监理等的市场管理工作,逐步构建统一公开、竞争有序的公路桥梁养护工程市场。公路桥梁大修、中修、改建工程完工后,应按照相关规定进行验收。工程实施后的公路桥梁技术状况必须恢复至一类或二类。

6.公路桥梁检查"三问"

公路桥梁检查分为经常检查、定期检查和特殊检查。公路桥梁检查是公路桥梁养护工作的重要环节,也是公路桥梁养护的基础性工作。"为什么查? 查什么? 怎么查?",通过这"三问",就能正确指导公路桥梁养护管理工作,就能贯彻落实好部、省公路桥梁养护工作制度,及时认真做好公路桥梁检查,准确做出技术状况评定,分类制定养护对策。

为什么查? 为了系统地掌握公路桥梁的技术状况,较早地发现公路桥梁的缺陷和异常,评定公路桥梁技术状况等级,进而合理地提出养护措施。

查什么? 经常检查主要对公路桥面设施、上部结构、下部结构和附属构造物的技术状况进行日常巡视检查;定期检查是指按照规定周期,对公路桥梁结构及其附属构造物的技术状况进行定期跟踪的全面检查;特殊检查指在特定情况下对公路桥梁技术状况进行鉴定,以查清公路桥梁的病害成因、破损程度、承载能力或抗灾能力等。

怎么查? 检查由县局负责,公路桥梁工程师组织实施,主要以目测配合简单工具进行,检查周期为每月不少于一次,汛期应增加检查频率;定期检查由市局负责,公路桥梁工程师组织实施,主要以目测结合仪器检查方式进行,其检查周期一般不低于每三年一次;特殊结构桥梁应每年一次,特殊检查由市局委托具有相应资质的专业检测机构实施,公路桥梁工程师负责组织、协调、监督,采用仪器设备,通过检测或试验的方法,并结合理论分析,对公路桥梁的缺损状况、病害成因、承载能力或抗灾能力做出科学明确的判定。

### (二)公路桥梁养护资源管理

1.公路桥梁养护人力管理对策

人力资源包括智力和体力两种,人力资源管理要和公路桥梁养护企业的战略目标一致,对养护岗位分析,使用各类人才,不断通过培训教育提高其工作能力,以绩效等作为激励手段。

2.公路桥梁养护设备管理对策

设备管理要从设备的选购、使用、维修上实行全过程的管理,包括技术管理和资金管理两个方面,技术管理上做好设备的选购、验收、调试、使用、修理、改造、更新等,资金管理主要指设备的投资、维修费用管理,设备管理能够保证设备的正常运行,促进技术改革,充分发挥设备的作用。

3.公路桥梁养护材料管理对策

材料管理是公路桥梁养护管理中的主要部分,能够促进节约,有效的防止材料的积压,加速流通,降低工程成本,提高资金的利用效率。材料管理要从采购上,库存管理上以及使用上分布做好控制,制定相应的管理对策。另外,公路桥梁养护还包括资金管理、时间管理以及信息管理等。

### (三)公路桥梁养护质量控制与安全控制

1.公路桥梁养护质量控制

(1)做好对公路桥梁施工技术的准备

公路桥梁养护工作要想取得良好的效果,需要做好公路桥梁养护

技术的前期准备工作。养护企业在工程建设的前期阶段,需要仔细审核工程建设的相关文件,全面了解养护周边的整体环境,做对养护成本的预估算,将工程养护成本控制在一定的范围内,制定科学合理的养护方案。与此同时,作为公路桥梁设计者,在前期阶段,需要检查自身的设计图稿,确保图稿在实际养护中的可实施性。此外,养护人员在养护过程中需要严格按照设计图稿的要求来进行工程建设。如果在建设的过程中发现工程存在质量问题,需要报告给相关管理部门,从根本上提升公路桥梁工程质量,避免在养护的过程中出现人员伤亡,保证养护人员的安全。例如,在某一桥梁工程施工管理时,为了能够提升管理工作的有效性和针对性,要能分析图纸,包括纵面和横断面两种,在分析横断面时,要能够兼顾考虑钢箱梁。

(2)采用先进的公路桥梁养护技术

在我国发展现阶段,科学技术随着经济的不断发展得到了很大程度的提升,在公路桥梁养护过程中不断引进先进的技术,对提高公路桥梁工程的养护质量产生了很大帮助。作为公路桥梁工程养护工作的承建企业,养护单位在施工中采用新技术的同时,需要保证工程施工的科学性。针对技术不成熟的情况,需要进行反复试验,确保工程养护质量能够达到国家相关标准,保证工程使用过程中不出现质量问题。此外,养护工作人员在工程养护过程中遇到新问题,需要保持冷静,采取科学的态度合理解决养护工作中存在的问题。通过利用先进的公路桥梁养护技术,显著提升公路桥梁工程的养护质量,进而保证公路桥梁工程在后期使用时不出现质量问题。

(3)加强对公路桥梁养护技术安全方面的管理

安全性是公路桥梁养护过程中需要注意的重点问题,安全性直接影响公路桥梁工程能否正常养护,同时对工程质量也有重要影响。因此,工程承建企业需要在养护过程中加强对公路桥梁养护技术安全方面的管理,加强对养护人员的安全宣传教育,提高养护人员的安全意识,确保工程养护能够规范化进行。此外,加强提升养护人员的综合素质。在养护过程中真正实现安全性与质量并存的局面,从而推动我国公路桥梁工程养护向更高的水平方向发展。

(4)做好对公路桥梁质量的监督和检查

作为公路桥梁工程养护工作的承建企业,在工程养护过程中需要加强对公路桥梁质量的监督和检查,从根本上提升养护技术管理的力度,不断提高养护人员在工程建设过程中的积极性。做好公路桥梁质量工作能够有效提升公路桥梁建设的总体质量,从而保障公路桥梁的交通安全,促进我国居民生活质量的提升。例如,在监督检查时,要能够从锚固筋、边梁、中梁、承压支座等不同的结构点入手,通过分析和判断来了解桥梁施工过程中存在的问题,并选择相应的解决措施,改进公路桥梁施工质量。

2.公路桥梁养护安全控制与改进

安全管理是指在生产过程及其相关活动中,防止意外伤害及财产损失的管理活动。它利用计划、组织、控制等管理职能,运用人力、物力、财力等管理资源,消除来自外界以及人为的不安全因素。其根本目的在于防止伤亡事故的发生。

公路桥梁养护行业的特殊性为安全管理带来了困难,主要反映为以下几点:公路桥梁养护为露天作业,易受到阳光、风、雪、雨、雷、电等自然条件的影响及伤害;公路桥梁养护为混合作业,参加工种多、涉及技术杂,稍有不慎就可能会造成交叉伤害;公路桥梁养护为流动作业,战线长、地点不定,容易发生疏忽且养护安全条件参差不齐;公路桥梁养护高空作业频繁,作业时脚下多为深沟大河而非安全网(与建筑行业相比);公路桥梁养护机械化水平较低,多依赖于人工作业,而人的行为通常是导致事故的要因。公路桥梁养护是为了保障公路桥梁安全,但其本身接触到的大多为三、四类公路桥梁甚至是更危险的公路桥梁。

公路桥梁养护安全管理的要点:以人为本,与生命相比,任何经济损失都是微不足道的,首先应保护人员免遭伤害;预防为主,公路桥梁养护安全管理应将"防"作为核心,与其亡羊补牢,不如未雨绸缪;动态管理,与公路桥梁养护动态管理相一致,应进行全天候、全方位、全过程的安全管理。

针对上述特性及要点,下面将从公路桥梁养护事故的分析入手,对安全控制与改进提出相应对策。

公路桥梁养护事故是指公路桥梁养护过程中突然发生的人员伤亡、机物损毁、环境破坏等意外事件。从以人为本的原则出发,将它们分为一般事故(机物损毁或环境破坏但人身没有受到伤害的事故)与伤亡事故(人身受到伤害或有人员死亡的事故)。公路桥梁养护事故具有偶然性(公路桥梁养护事故是随机事件,发生时间、地点及程度很难预测,应高度警惕)、必然性("偶然中通常蕴含着必然",公路桥梁养护事故并非完全没有规律,应仔细分析)与预防性(公路桥梁养护事故很难预测,但并非不能预防,应通过事前努力将其降至最低)特点。在公路桥梁养护事故成因上主要有人的不安全行为、物的不安全状态、环境的不安全影响与管理问题。针对这些,下文中提出了公路桥梁养护的安全控制与改进方法。

(1)公路桥梁养护安全控制

公路桥梁养护安全控制是指在公路桥梁养护中,为了保护养护者及用路者人身免遭伤害,机物免遭损毁,环境免遭破坏而采取的技术与活动。

针对人、物、环境等公路桥梁养护事故因素,通过控制管理,做出相应对策。

针对人的有以下几点:基层养护工作者要进行安全技术培训,使这些距离危险最近的员工学会保护自己;养护设备操作者需要进行岗前培训,使其懂构造、懂性能、会使用、会排障、会保养;养护喷涂操作者必须穿戴好口罩、手套等防护用具,身体不适应立即停工,禁止明火;养护高空作业者必须佩戴安全帽、安全带,工具抓牢放好,即便是螺丝钉也禁止乱丢;养护现场用路者,在驾驶员培训中加入养护教育环节,使他们理解并配合公路桥梁养护工作。

针对物的有以下几点:①公路桥梁养护重要设备,严禁无证人员操作公路桥梁养护重要设备,必须专人专机定岗定员;②荷载试验加载车辆,将加载车辆编号,并严格按照加载说明停放、启动、加速、通过;③公路桥梁养护喷涂设备,必须在喷涂前检查喷涂软管有无破损情况,有破损时应立即更换;④公路桥梁养护材料应合理堆放,危险品用多少领多少,严禁随意摆放;⑤公路桥梁养护设备用电,临时用电线路延桥布设整齐,电焊机等电动工具应注意接地、防潮;⑥公路桥梁养护设备老化,需加强公路桥梁养护设备的维修保护工作,对老化程度太大的设备应果断更新;⑦公路桥梁养护攀悬设施,脚手架需坚固、稳定、防滑,扶梯需结实、稳定,软梯需耐磨;⑧公路桥梁养护安保设施,严禁购买未经质量部门检验的安全帽、安全带,应注意正确使用;⑨公路桥梁养护警示灯具,公路桥梁养护车必须亮起橙黄色警示灯具,夜晚作业须亮起警示灯箱,桥梁养护警示服装,普通养护作业需穿桔红色衣帽,夜晚养护作业需穿反光作业服等。

针对环境的措施:①黑暗的光线环境:夜晚一般不安排养护任务,若确需安排如温度量测,应做好照明供应;②公路桥梁养护作业场地:必须在公路桥梁养护作业前检查作业场地,熟悉现场并排除安全隐患;③小规模公路桥梁养护现场:按规定设置临时标志及隔离设施,安排专人巡查以落实安全措施;④大规模公路桥梁养护现场:联系路政部门、交警部门予以配合,协助进行现场交通安全管理;⑤公路桥梁养护事故现场:发生事故后一切工作为抢救伤员让路,应沉着有序以防事态扩大等。

(2)公路桥梁养护安全改进对策

同质量改进一样,公路桥梁养护安全改进的目标也是要超越现状,即针对公路桥梁养护中存在的安全问题,采取措施,寻求突破。下文将从 SC 小组及 PDCA 两个角度,做出对策。

SC 是英文 Safety Control 的缩写。本对策沿用了 QC(Quality Control)小组的思想,设计了公路桥梁养护安全管理小组。小组活动程序是:选择安全改进课题、命名安全改进课题、组建公路桥梁养护安全管理小组、设定安全改进目标分析安全事故原因、确定安全事故原因制定安全改进政策、实施安全改进政策、检查安全改进政策与总结安全改进成果。

公路桥梁养护安全管理是一项多变的,需长期改进的工作。在动态改进、良性循环的思想,将复杂的公路桥梁养护安全管理工作也集成为了四个阶段:即 P 计划、D 实施、C 检查与 A 处理四个阶段。

### 三、公路桥梁养护管理工程的研究方法

#### (一)历史法

即从历史事件中吸取教训、避免重演,从前人管理思想中,有所吸收、有所发展等。

#### (二)比较法

有比较才有鉴别。以引进公路桥梁管理系统为例,至少应进行以下三方面的比较:第一,引进与国产的比较,这样才能找到该领域同发达国家的差距,明确今后努力方向。第二,国外公路桥梁管理系统间的比较,应吸取 20 世纪 80 年代初引进工业设备的一些教训。第三,国内、外适用范围的比较,从适用出发,切忌生搬硬套,应考虑到系统的后期费用。

#### (三)案例法

公路桥梁养护管理者可通过对典型案例的分析、研究,总结出公路桥梁养护管理的问题、经验和原则。如通过研究国内外公路桥梁养护管理项目的案例,总结教训,吸取经验。又如通过研究国内外实事公路桥梁案例,得出公路桥梁养护全寿命周期的理念。

# 第二节 公路桥梁养护流程再造

我国公路桥梁随着社会经济的进步逐年增多,人们越来越重视有关公路桥梁质量的问题。近几年来,由于国内外重大桥梁事故的发生,给人们敲醒了警钟,加大对公路桥梁养护决策与管理的研究,成为研究的热点。做好养护决策与管理工作可以使公路桥梁的使用寿命增长,对我国公路桥梁的安全长久运营有着极其重要的意义。

**一、公路桥梁养护流程再造对策**

公路桥梁建设作为一项关乎到民生的工程,积极的做好管理养护工作具有重要意义。随着交通流量的不断增加,只有积极的做好管理和养护工作,才能够确保公路桥梁的正常使用,避免安全事故的发生。

**(一)流程再造的原则**

流程再造的原则很多,在此仅简单介绍其核心原则(指导变革根本方向)和可行性原则(保障变革顺利进行)。

1.流程再造核心原则

流程再造核心原则即坚持以流程(而非职能)为导向,坚持以人为本的团队式管理。

2.流程再造可行性原则

流程再造可行性原则即围绕结果(而非工序)进行组织,充分尊重当事人的意见,根据流程再造原则,检查出目前公路桥梁养护中存在的几点问题,并制定相应对策如表6-1。

表6-1 梁养护几点不足和相应对策

|  | 检查出的错误 | 对策 |
|---|---|---|
| 1 | 公路桥梁养护工序与结果联系不紧密 | 将养护成果及时反馈、反映到公路桥梁养护工序中 |

续表

| | 检查出的错误 | 对策 |
|---|---|---|
| 2 | 多围绕单项公路桥梁养护工作进行组织 | 围绕路网公路桥梁养护系统而非简单工序进行组织 |
| 3 | 公路桥梁养护资源未能超出地域界限 | 将分散的公路桥梁养护资源集中化、共享化 |
| 4 | 公路桥梁养护信息异地、滞后处理 | 实时处理公路桥梁养护信息并通用化、规范化 |
| 5 | 忽视基层公路桥梁养护者的意见和经验 | 广开言路、集思广益,做到群体决策 |
| 6 | 忽视过往司机即用路者的感受 | 尊重过往司机及相关人员的意见、增进沟通 |

## (二)公路桥梁养护流程再造六阶段法

### 1.构思设想阶段

公路桥梁养护流程再造首先要得到高层领导的支持。基于他们的理解,考虑到技术与经济条件,结合公路桥梁养护发展整体战略,确定需要改善的公路桥梁养护流程。

### 2.再造启动阶段

再造启动阶段有建立公路桥梁养护流程再造小组;通知相关管养单位;制定再造计划和预算;设立再造标准并进行成本效益分析;确定公路桥梁养护流程再造的绩效目标。

### 3.分析诊断阶段

分析诊断阶段即对现有公路桥梁养护流程及子流程建模;描述各流程属性,如养护管理责任、养护资源、养护信息等。分析现有公路桥梁养护流程中存在的问题及其产生原因。

### 4.流程设计阶段

流程设计阶段可通过头脑风暴法等技术,提出公路桥梁养护新流程的各种可能方案;新方案应满足公路桥梁养护战略目标;应建立公路桥梁养护新流程的模型并做出相应的说明。

**5.流程重构阶段**

流程重构阶段即通过变化管理技术确保新、旧流程的平稳过渡。该阶段需完成公路桥梁养护员工的新流程培训,配合好公路桥梁养护组织结构和运行机制的转型。

**6.监测评估阶段**

监测评估阶段需要监测和评估公路桥梁养护新流程的绩效,确定其是否满足预定的目标,通常可以和全面质量管理联系起来,该阶段若发现问题应及时解决、补救[1]。

## 二、公路桥梁养护工作流程再造案例(以流程设计阶段为例)

### (一)入选方案的创意思路及新流程图

近年出现的多起桥梁坍塌事故,引发了社会广泛关注,以修代养的时代已经过去,社会进步要求公路桥梁健康养护时代的来临。

图6-1和图6-2为桥梁健康养护流程再造示意图。

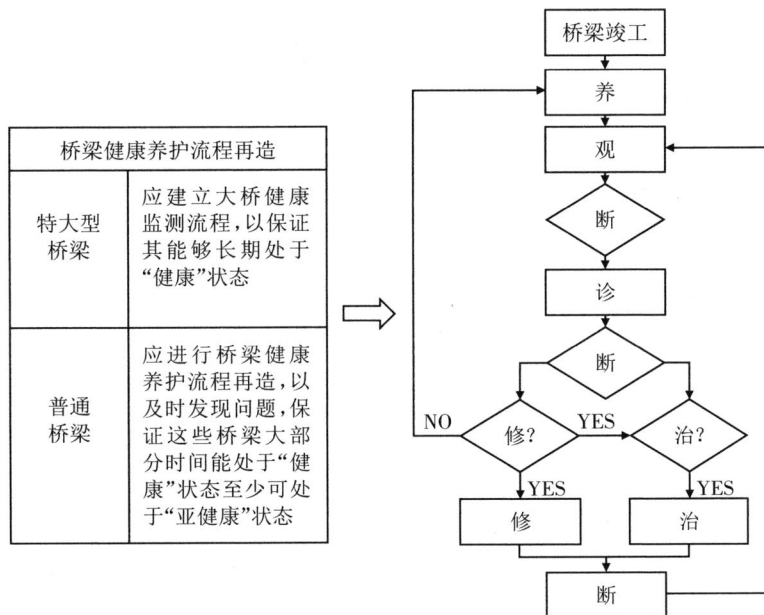

图6-1 普通桥梁健康养护流程再造

①闫佐廷,许光君编. 公路养护机械[M]. 沈阳:东北大学出版社,2012.

```
┌─────────────────────┐
│   特大型桥梁竣工    │
└─────────────────────┘
          ↓
┌─────────────────────────────┐
│ 根据桥梁特点划分监测子结构  │←──────────┐
└─────────────────────────────┘           │
          ↓                                │
┌─────────────────────┐                    │
│   布置最优测点      │                    │
└─────────────────────┘            ┌──────────────┐
          ↓                        │  修正特大桥健 │
┌─────────────────────┐    NO      │  康档案数据库 │
│   指纹变化否?       │──────────→ └──────────────┘
└─────────────────────┘                    ↑
          ↓ YES                            │
┌─────────────────────────┐                │
│ 消除环境因素干扰:模型修正│               │
└─────────────────────────┘                │
          ↓                                │
┌─────────────────────┐    无损            │
│ 鉴定结构指纹损伤程度│──────────────────→ │
└─────────────────────┘                    │
          ↓ 有损                           │
┌─────────────────────┐  通过   ┌──────┐   │
│ 鉴定桥梁当前承载能力│───────→ │ 维修 │   │
└─────────────────────┘         └──────┘   │
          ↓ 通不过                         │
┌─────────────────────┐  YES    ┌──────┐   │
│   加固决策?         │───────→ │ 加固 │   │
└─────────────────────┘         └──────┘
          ↓ NO
┌─────────────────────┐
│   报危,重建        │
└─────────────────────┘
```

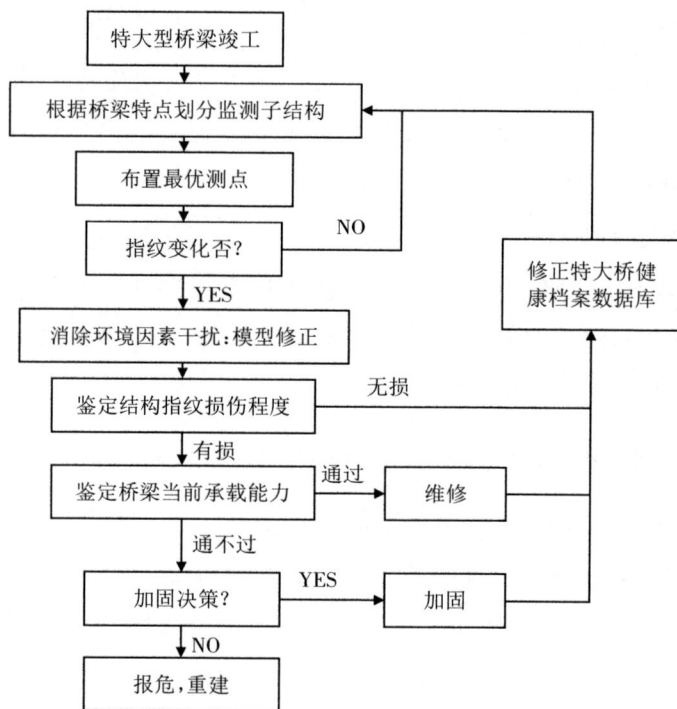

**图6-2　特大型桥梁健康养护流程再造**

特大桥的健康监测,国内外相关研究很多。故特大桥健康养护工作流程再造前人已基本完成。关于流程图的几点补充说明如下:第一,将再造后流程的活动关系可以用文字来描述,但不如图清楚,更不如图直观。第二,优秀的流程图应表达完整,更应简洁明了。流程是一个非常复杂的活动集合,绘制流程图时,应利用集成的思想化整为零、变繁为简,以免干扰分析时的思路。第三,上图流程图为构思草图,正式的流程图分为工艺视图、系统视图和信息视图三类。

## (二)关键步骤

第一步:组织技术精英,通过头脑风暴法等技术,提出了新流程的多种可能方案。第二步:结合当地经济、技术条件和公路桥梁养护战略,选择了"公路桥梁健康养护"方案。第三步:绘制"公路桥梁健康养护"流程框图,建立新养护流程的模型并做出相应说明。

# 第三节 公路桥梁养护集成管理

针对我国公路桥梁养护管理现状及存在的问题,提出应用相互关联的公路桥梁养护管理单元来实现公路桥梁养护的集成管理,以养护工作为管理核心,使养护的成本、质量、进度、管理、责任体系、信息管理形成一个有机的整体。

## 一、公路桥梁养护集成管理概述

公路桥梁养护管理体系是一个复杂的系统,可分解成一些相互关联的桥梁养护管理单元(层次、模块、元素等),并使各管理单元明确自己的责、权、利及在管理体系中的地位、作用。

### (一)公路桥梁养护集成管理公式表述

综上,可构想公路桥梁养护集成管理表达式,如式6-1。

$$M = \left\{ Q|M_1, M_2, M_3, \cdots, M_N \right\} (N \geqslant 2) \tag{6-1}$$

式6-1表示:将桥梁养护活动 $M$ 中具公共属性 $Q$ 的养护要素 $M_1 \sim M_N$ 进行分工与集合。既可理解为将具有 $Q$ 性质的 $M$ 活动分工成 $M_1, \cdots, M_N$ 等 $N$ 个模块,也可理解为将具有公共属性 $Q$ 的 $M_1, \cdots, M_N$ 等 $N$ 个模块集合起来构成了 $M$,现举例如式6-2、式6-3、式6-4。

$$M = \left\{ W_1|C, L, T, A, R, S \right\} \tag{6-2}$$

$$L = \left\{ W_2|L\mathrm{III}, L\mathrm{II}, L\mathrm{I} \right\} \tag{6-3}$$

$$L\mathrm{III}\left\{ W_3|L\mathrm{III}01, L\mathrm{III}02, L\mathrm{III}03, L\mathrm{III}04, L\mathrm{III}05 \right\} \tag{6-4}$$

上式中:

$W_1$、$W_2$、$W_3$ 级——1级、2级、3级工作属性;

$C$、$L$、$T$、$A$、$R$、$S$——养、观、诊、断、修、治六大技术模块;

$L\mathrm{I}$、$L\mathrm{II}$、$L\mathrm{III}$——桥梁经常检查、定期检查、应急检查三大模块;

$L$Ⅲ01——洪水后应急检查模块；

$L$Ⅲ02——滑坡后应急检查模块；

$L$Ⅲ03——地震后应急检查模块；

$L$Ⅲ04——撞击后应急检查模块；

$L$Ⅲ05——过重车应急检查模块。

式6-2含义：将桥梁养护按1级工作属性集成为养、观、诊、断、修、治6模块。

式6-3含义：将观模块按2级工作属性集成为经常检查、定期检查、应急检查3模块。

式6-4含义：将应急检查模块按3级工作属性集成为洪水后应急检查、滑坡后应急检查、地震后应急检查、撞击后应急检查、过重车应急检查5模块。

桥梁养护工作包模型正是按照集成思路及上述公式建立的，一方面将繁杂的桥梁养护工作分成了养、观、诊、断、修、治六大工作包并进一步细分为若干子包；另一方面，那些性质相同的子包集合成了六大工作包进而构成了公路桥梁养护工作的巨系统；先分后合，合中有分[①]。

### (二)公路桥梁养护集成管理的特性

1.放大性

公路桥梁养护集成管理的最终目的是实现公路桥梁养护管理要素功能及优势的整合，即实现 $1 + 1 + 1\cdots\cdots + 1(N个) > N$ 的集成放大效应。公路桥梁养护集成管理的功能放大效应不是简单聚合或叠加的结果，而是一种非线性的功能变化及功能涌现。

2.主动性

公路桥梁养护管理集成的实现及运行与人的主动行为密不可分。它要求管理者具有创造性的思维能力，要求养护者积极参与，进而形成优势互补，最终发挥出集成团队的能量跃变作用。如公路桥梁养护

①黄关平. 常规公路桥梁典型病害分析与养护对策[M]. 杭州：浙江大学出版社,2017.

虚拟集团,就是由公路桥梁养护管理高层主动创造,从不同企业主动选取桥梁养护所需优势资源,进而集合而成的动态网络联合体。

3.多样性

传统公路桥梁养护管理中,人、机、料、金、时、息是基本管理要素。公路桥梁养护集成管理中,还增加了知识、技术、方法等管理对象,涉及的集成要素数量众多且复杂多变。如公路桥梁养护团队即是人的集成,又是技能的集成,还是知识的集成。又如公路桥梁养护虚拟集团既是养护企业的集成,又是养护资源的集成,还是养护知识的集成。

4.互补性

公路桥梁养护集成管理强调集成要素的相互融合,协同互补,以弥补知识的不足,集成互补而产生的整体倍增效果。

5.泛边界性

公路桥梁养护集成管理采用了全新的思维方式,拓宽了公路桥梁养护资源优化配置的范围,其触角由公路桥梁养护机构的一个层面延伸到多个层面,由单个机构延伸到多个机构,打破了公路桥梁养护机构内(间)的界面,甚至打破了公路桥梁养护行业与其他行业的界面,实现了公路桥梁养护机构(行业)内部各要素与外部资源的优势互补,集成共享。公路桥梁养护集成管理这种"内部优势外在化,外部资源内在化"的要素整合,使得传统公路桥梁养护机构中"非此即彼"的明确组织边界变得越来越模糊,越来越难以确定,呈现出泛边界性。

**(三)公路桥梁养护集成管理的原则**

1.整体性原则

系统论的基本思想是整体性、综合性,整体效应是系统论最重要的观点。"个人服从集体、少数服从多数、局部服从全局"从一定程度上说明了这个观点。公路桥梁养护集成管理也要把握这一原则,从全局出发,运用系统的观点和原理进行分析,使公路桥梁养护管理集成体系成为一个严密、合理的结构,具有最大的整体功能。该原则还应从集成的时间和空间布局两方面加以认识：从时序考虑，公路桥梁养护集成管理应将近期、中期与长远目标结合起来，统筹规划；从地域考虑，公路桥梁养护集成管理应注意到地区间经济、能力的差异，使得公路桥梁养护资源均衡分布，达到整体最优。

2. 非加和原则

集成系统论中，1+1≠2，即贝塔朗菲著名的"非加和定律"。我国管理学者周吉，将其称作"系统的性能、功效不守恒定律"。在周吉定律的基础上，建立了桥梁养护集成管理非加和原则，即公式6-5。

$$M = \sum M_1 + F(F \neq 0) \qquad (6-5)$$

式6-5中：

$M$——桥梁养护管理体系整体功能；

$M_1$——桥梁养护要素（局部）功能；

$F$——集成效能。

公式表明，桥梁养护集成管理体系的整体功能等于各组成部分功能之和加上集成效能。

$F \neq 0$，因为公路桥梁养护集成管理体系的整体功能绝非各集成要素功能的简单叠加；$F > 0$ 说明出现了公路桥梁养护集成放大效应，即产生了功能倍增或功能涌现作用；$F < 0$ 说明公路桥梁养护管理集成设计或运行中出现了问题，应及时分析、纠正。

3. 整分合原则

整分合原则是集合与分工关系问题的升华，在公路桥梁养护管理集成体系建立初期就应对可能影响到全局的问题认真分析并周密部署，以实现整体最佳为最终目标；在强调分工重要性的同时，应看到分工并非集成管理的终结，因为公路桥梁养护分工后的各个局部可能在时间、空间、数量、质量等方面有所脱节；必须在公路桥梁养护纵向分工间建立起紧密的横向联系（组织保障），使各个局部协调配合，平衡发展；整体把握，重视分工，组织综合，这就是桥梁养护集成中整分合原理的要义。

### （四）公路桥梁养护中集成管理的分类

公路桥梁养护管理集成按集成对象的不同可分为多种：既有桥梁养护资源的集成，又有公路桥梁养护方法的集成，既有时间的集成，又有空间的集成。

## 二、公路桥梁养护组织集成对策

### （一）公路桥梁养护组织集成的概念与特征

公路桥梁养护组织集成是指为了有效地利用公路桥梁养护机构（行业）内外部优势资源，为了配合其他类型的公路桥梁养护集成管理活动，对公路桥梁养护组织的目标、结构、形态等进行集成，其实质是"此亦彼"，以诚信和契约为基础，以集成手段形成的一种泛边界网络组织模式。按集成对象的不同，虚拟公路桥梁养护单位、分析与设计，以期最大限度地提高组织运行效率的一种组织过程和结果。

将具有不同功能的公路桥梁养护组织要素集成为一个有机组织体的行为过程。桥梁养护集成化组织的主要特征有三点：精锐化、柔性化、泛边界化。

1. 精锐化

公路桥梁管养部门业务庞杂，人员超编，却未能建立起自己的专业化养护队伍，缺乏公路桥梁养护的中流砥柱。机构冗杂已成为公路桥梁养护传统职能式组织结构的一大弊病。集成组织的精益化要求在公路桥梁养护组织结构的设计中去掉多余的东西，只保留最有效、最精干的部分，从而达到先"精瘦"再"精锐"的目的。

2. 柔性化

公路桥梁养护集成组织的柔性化表现在两个方面：一方面是对桥梁病害的不确定性，面对桥梁养护技术与材料的日新月异，公路桥梁养护组织应能及时、实时地做出反应；另一方面是对多变的市场经济，公路桥梁养护组织应具有快速响应市场变化的能力，应做到"宜分则分、宜合则合"。

### 3.泛边界化

公路桥梁养护管理的集成化打破了传统模式,公路桥梁养护的组织管理方法也都趋于模糊,这些促成了公路桥梁养护集成组织的泛边界化。

### (二)公路桥梁养护组织集成对策——虚拟养护组织

桥梁养护组织集成的对策多种多样,这里仅就虚拟桥梁养护组织做一简单研究。

#### 1.虚拟桥梁养护组织的概念

虚拟一词在计算机科学中指通过灵活调用外围设备等资源,弥补主设备功能的不足,在企业组织中指为了突破企业有形界限,扩大企业资源的优化配置范围,借用外力,通过集成管理,加速自身发展的一种企业组织形式。虚拟公路桥梁养护组织是指为了突破传统公路桥梁养护组织的有形界限,扩大公路桥梁养护资源的优化配置范围,以"不求引人、但求引智;不求所有、但求所用"等思想为基础,以诚信和契约为纽带,通过集成手段形成的一种泛边界网络组织模式。按集成对象的不同,虚拟公路桥梁养护组织可分为虚拟公路桥梁养护团队与虚拟公路桥梁养护集团。

#### 2.虚拟公路桥梁养护团队对策

公路桥梁养护行业亟需专业技术人才与管理人才,桥梁养护人员价值取向在市场经济中也发生了变化。因种种问题,养护行业通常留不住人才,有数据表明,越是经济发达的地区,人才密度越高。这种人才分布的非均衡性在公路桥梁养护中亦有所体现,导致了某些欠发达地区公路桥梁养护人才短缺而发达地区却有可能过剩。就单个公路桥梁养护组织、企业而言,也不可能包罗到所有人才或苛求员工都是全才。鉴于上述原因,以不求引人但求引智为主导思想的虚拟公路桥梁养护团队应运而生。

它依靠市场运行机制,以诚信及契约为纽带,动态集聚和利用了不同地域、不同单位、不同行业的公路桥梁养护人力资源,见图6-3,从不同渠道整合了关于公路桥梁养护的各种意见、经验及技术,实现了人才集成、知识共享、优势互补。其建构方法如下。

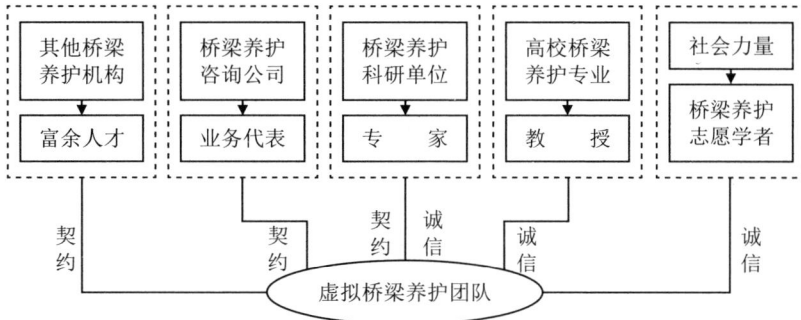

图6-3 拟桥梁养护团队组织结构图

(1)明确团队目标

与普通团队一样,虚拟公路桥梁养护团队也是针对具体目标或任务建立的。

(2)人才短缺分析

分析公路桥梁养护组织缺乏什么样的人才,需要哪方面的经验、意见等。例如某些公路桥梁养护企业公路桥梁评定环节较薄弱,则可以考虑引进评定方面的经验与技术。

(3)获取人才信息

利用互联网、行业推荐等手段获得公路桥梁养护人才信息,建立人才库。

(4)建立团队联盟

联系公路桥梁养护人才,交流、谈判并签约。虚拟公路桥梁养护团队主要有5种人才来源:社会上关心公路桥梁养护事业的热心学者;高等院校中公路桥梁养护专业的教授或资深教师;科研院所的公路桥梁养护专家;公路桥梁咨询公司在养护领域的业务代表;实力雄厚的公路桥梁养护企业中暂时空闲、可以短期租用的人力资源。后四种人才来源存在着二层约束,即单位与单位的契约、单位与个人的契约,利益分配时会更复杂些。对于第一种人才来源应热情鼓励,因为公路桥梁养护事业从某种意义上说毕竟是一种社会公益事业。

3.虚拟公路桥梁养护集团对策

传统公路桥梁养护企业壁垒森严,严重阻碍了公路桥梁养护信息等资源在部门之间的流动。传统公路桥梁养护企业受计划经济影响,在公路桥梁养护设备配置问题上追求"大而全""小而全",造成了一方面设备闲置、利用率低;另一方面购买新设备却资金短缺的怪圈。就单个公路桥梁养护企业而言,也不可能配齐所有的公路桥梁养护设备或频繁地更新设备,面对市场经济压力,公路桥梁养护企业普遍存在着资金不足、技术创新能力薄弱等瓶颈。鉴于上述原因,以"不求所有,但求所用"为主导思想的虚拟公路桥梁养护集团(图6-4)应运而生。

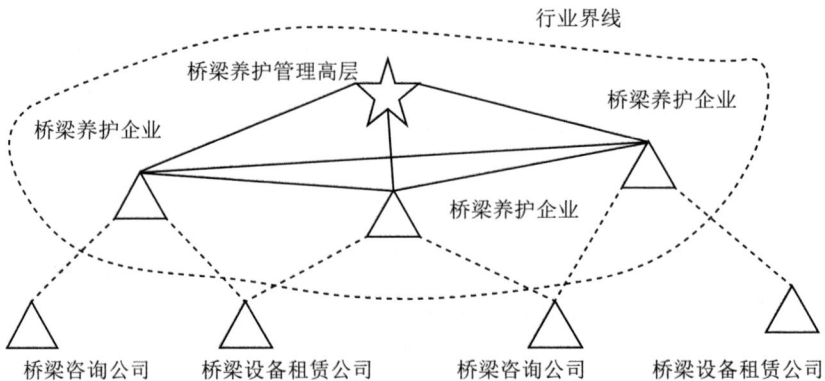

图6-4 虚拟公路桥梁养护集团结构图

虚拟公路桥梁养护集团依靠市场运行机制,以诚信及契约为纽带,动态集聚和利用了不同地域、不同企业、不同行业的公路桥梁养护资源,打破了传统公路桥梁养护机构的组织界限,促成了公路桥梁养护企业及相关企业间的强强联合、弱弱联合与强弱联合,实现了企业集成、资源共享、优势互补。其建构方法如下。

(1)明确全局目标

与虚拟公路桥梁养护团队一样,虚拟公路桥梁养护集团也应有其具体目标,但该目标应放眼全局。将虚拟公路桥梁养护集团的目标定位于:通过借力整合,以有限的公路桥梁养护资源,获得最好的养护效果(社会效益+经济效益)。

（2）建立市场秩序

可通过设立公路桥梁养护行会、协会,完善公路桥梁养护项目招投标制度、制定并贯彻相关法规等途径为公路桥梁养护建立有序的市场环境,这也是本对策的根本前提。

（3）资源短缺分析

分析公路桥梁养护企业缺乏什么资源,有哪些资源可以共享等。例如,某些公路桥梁养护企业机械化水平较低,则可以考虑从其他养护企业或租赁公司租借所需的设备;某些公路桥梁养护企业取得了某一技术领域的研究成果,可以考虑集团共享或有偿转让。

（4）整合企业信息

利用互联网、交流会等手段整合公路桥梁养护企业信息,建立企业信息库。

（5）建立企业联盟

公路桥梁养护企业与相关企业间的交流、谈判与签约。虚拟公路桥梁养护集团除传统意义上的公路桥梁养护企业外,还吸收了很多外围企业,如租赁公司、咨询公司等。

### （三）公路桥梁养护组织集成思想的培养

公路桥梁养护组织集成成败与否还取决于公路桥梁养护工作者的观念能否与时俱进。为了使公路桥梁养护者了解并理解组织集成的内容及意义,应着重从以下几方面进行培养。

1.整体观念的培养

整体观念是组织集成思想的主要内容。传统公路桥梁养护组织中,小到养护段的日常保养,大到某条线路公路桥梁的全线改造任务,各部门都以其局部利益为基础来完成各自的养护任务,各部门间缺乏联系,各自为政,"只见树木,不见森林",严重影响了公路桥梁养护事业的健康发展。组织集成需要将各部门的公路桥梁养护资源动态联合,肯定会触及某些部门或人员的利益。所以,必须通过整体观念的培养,使公路桥梁养护各级工作者(特别是部门领导)树立整体观念,站在"求生存、求发展"的高度认识组织改革。

2.沟通观念的培养

公路桥梁养护专业性很强,各个技术部门有着不同的运作方式和行为规则,机构内、机构间、行业间沟通困难、信息不畅。加强沟通、增进交流是公路桥梁养护组织集成的前提,也是公路桥梁养护组织集成的目的,只有积极培养沟通观念,才能真正打破传统的组织界限,有效整合组织要素,实现公路桥梁养护组织集成的功能放大作用。

3.共享观念的培养

公路桥梁养护组织集成的目的之一,就是通过借力整合,实现公路桥梁养护要素间的优势互补。这种互补既是桥梁养护设备、材料、资金等硬件的共享,又是公路桥梁养护知识、信息、技术等软件的共享,由此对公路桥梁养护共享观念的培养提出了要求。

4.学习观念的培养

不论是虚拟公路桥梁养护团队,还是虚拟公路桥梁养护集团,组织的集成都非一蹴而就,更非一劳永逸,而是一种循序渐进、不断进步的变革。这种变革要求组织成员不断提高自身素质,以适应多变的环境。通过树立学习观念,可以使提高业务素质成为公路桥梁养护组织成员自觉的、主动的、积极的行为,使组织永葆活力。

**三、公路桥梁养护工序集成对策**

随着我国公路桥梁老龄期的临近,公路桥梁养护工作的规模日益扩大、种类日益繁多,成百上千个工序在不同时间、不同地点交替进行着。这些种类繁多、数量惊人的公路桥梁养护工序单元成了一个复杂的巨系统,按照前面的集成思想,对它们进行分解、整合很有必要。公路桥梁养护工作包应运而生,它建立于工作分解结构与模块化等思想基础之上。工作分解结构是一种用来熟悉工程结构,全面分析工程项目的方法。它按照系统原理将项目分解成相互独立、相互影响、相互联系的项目单元,并通过项目管理将所有单元合成为一个工作整体,以达到综合计划与综合控制的要求。先分后合、合中有分的桥梁养护集成思想与WBS(Work Breakdown Structure)理念恰恰是一致的。模块指能完成一定功能的相对独立的子系统。一个系统可以分为不同的模块,各模块间通过标准化的接口进行协调与交互;模块化指将单元独立设计,但作为一个整体运转。模块化思想在现代管理领域较为常见,常应用于组织复杂的过程。

### 四、公路桥梁养护知识集成对策

公路桥梁养护知识集成指通过对分散在公路桥梁养护者头脑中及不同养护部门间的知识进行捕获,实现知识共享,运用集体的智慧提高公路桥梁养护创新能力。其具体方法有:第一,文档法,通过论文、教材、著作等文字载体集成公路桥梁养护者的宝贵经验并广为传播。第二,编码法,通过编码实现公路桥梁养护知识的有序化,使存储、检索与共享知识更加方便。第三,网络法,通过网上论坛、电子邮件等网络工具实现公路桥梁养护隐形知识的交流与共享。第四,激励法,通过奖金、晋升等手段鼓励公路桥梁养护的成功经验共享化、隐形知识显性化。

## 第四节 公路桥梁养护全寿命周期

公路桥梁养护全寿命周期为:规划—立项—设计—施工—竣工—经营—老化—拆除。从立项到拆除所经历的周期称作桥梁全寿命周期(Bridge's total Life Cycle, BLC)。公路桥梁养护工作自竣工之日才算

正式开始,且通常是老化之后才得到重视,但应指出:BLC中从规划、立项、设计、施工、竣工直至拆除各项工作与养护工作都有着不同程度的联系。就养护论养护,充其量只能治标,为了治本就必须在BLC内考虑养护问题。公路桥梁设计、施工等起始环节将直接影响到公路桥梁质量,进而影响到养护工作的难度。公路桥梁养护是一项系统工程,需要公路桥梁设计、施工、养护、管理等单位的协调沟通。

**一、公路桥梁全寿命周期中涉及养护的问题**

公路桥梁设计时,忽略了构件在检查时的可视性与维修时的可换性。如宜宾南门桥的吊杆在设计时,就没有考虑到吊杆下端的防腐检查问题,出事后才发现腐蚀竟是那么严重。

公路桥梁设计时,耐久性考虑不够、安全储备偏低,加速了桥梁的老化,增加了养护压力。公路桥梁建筑材料选用时,未考虑建桥地区的环境因素。北方一些桥梁,没有考虑到冻融因素;滨海桥梁没有考虑到盐害因素(2000年竣工的南方某跨海大桥,其主体结构在浪溅区仍采用不耐海水干湿交替侵蚀的C30混凝土和3~4cm厚的混凝土保护层;国内某大桥,建成后仅8年,由于盐冻侵蚀,现已不得不对部分结构进行拆除重建)。

公路桥梁施工时,不合理地加快施工进度。通过优化作业、技术创新等途径提前完工的作法应该提倡,但少数单位为了在某重要节日前完成献礼工程,用行政手段压缩工期的作法就值得商榷了。公路桥梁设计、施工时,未考虑到检查、检测等需要,造成了竣工后养护工作的诸多不便[1]。

**二、预防性养护在公路桥梁全寿命周期中的应用**

随着社会经济的快速发展,我国公路桥梁建设也得到了快速发展,对人们的生活有着重要作用。但是随着公路桥梁使用时间的延长,出现了一些问题,严重地影响着公路桥梁的使用寿命,并且增加了

---

[1]李瑜,王东,曹巍. 公路桥梁与维修养护[M]. 昆明:云南科技出版社,2017.

公路桥梁的养护成本。因此,为了改善公路桥梁状况,就需要对公路桥梁进行预防性养护。预防性养护不仅能节约公路桥梁全寿命周期的养护成本,还能够减少养护的时间。因此,必须做好公路桥梁的预防性养护工作,明确其在公路桥梁全寿命周期中的重要性。

### (一)公路桥梁全寿命周期中预防性养护的重要性

在公路桥梁全寿命周期中,预防性养护具有十分重要的作用。预防性养护可以从狭义上与广义上进行理解,并且,站在不同的角度上进行预防性养护的分析时,能够得出一样的目的,即改善公路桥梁的状况,延长公路桥梁的使用寿命,使得公路桥梁功能能够得到正常的发挥。采用预防性养护对公路桥梁进行养护时,能够在很大程度上降低公路桥梁全寿命周期成本。路面全寿命周期成本是从路面建成投入使用到下一次路面的结构性整体大修或重建的时间段内产生的建设费用和养护费用之和。公路桥梁的预防性养护能够大大地降低各部分的成本,从而节约养护的成本。及时对公路桥梁进行预防性养护,不仅能够节约成本,还能够减少公路桥梁全寿命周期的养护工程量,确保公路桥梁能够一直处于良好的使用状态,保证公路桥梁交通的质量。在目前的公路桥梁养护中,普遍使用的是矫正性养护措施,即对出现问题的公路桥梁进行修复、补救,但是该养护措施的养护经费与养护目标冲突较大,严重地影响了公路桥梁的养护。而采用预防性养护能够有效地遏制公路桥梁病害的发展,不仅能够极大程度地延长公路桥梁的使用寿命,而且还比较经济。预防性养护在公路桥梁全寿命周期中具有技术措施先进、理论基础坚实、经济效益显著、工作程序规范以及决策体系科学等优点,对公路桥梁的养护具有重要价值与积极意义,必须加强对公路桥梁预防性养护的研究。

公路桥梁建设对我国现代化发展非常重要,完善的公路桥梁网络不仅能够促进经济的发展,也可以拉动内需,推动交通事业进步。在公路桥梁的养护工作中需要将预防性养护作为公路桥梁全寿命周期中的重点。大量研究表明,质量合格的公路桥梁,在其全寿命周期中75%时间段内,公路桥梁的使用性能将下降40%,通常将这个阶段称为预防性养护阶段。在预防性养护中,应该对公路桥梁进行及时地养护,避免由于养护不及时导致后续12%全寿命周期阶段公路桥梁性能的下降。及时地进行预防性养护,不仅能够节约养护成本还能够保证公路的使用性能。

在多个国家中,预防性养护被广泛应用,并且取得了非常好的养护效果。在公路桥梁全寿命周期中,通过一系列预防性养护措施的应用来延长公路桥梁的使用寿命、确保公路桥梁状况良好的过程被称之为预防性养护。在预防性养护过程中,不需要增加附属设施,公路桥梁系统就能够实现公路桥梁状况的改善。防患于未然就是公路桥梁全寿命周期中预防性养护的核心理念,并且将经济性最优作为养护的基础。所谓的预防性养护就是通过最小的寿命周期成本进行公路桥梁的预防养护,从而改善公路桥梁状况。

### (二)公路桥梁全寿命周期中的预防性养护决策及应用

1.公路桥梁预防性养护技术评估

在预防性养护工作中,需要做好预防性养护技术评估工作,并且将适当养护措施的选择作为评估工作的目的。在进行预防性养护工作时,应该对养护技术措施的经济性、合理性、适用性以及可靠性进行充分地考虑分析。首先,需要对减缓预期病害、被预防或者发生病害的养护技术措施进行明确,对养护技术进行评价。其次,对公路桥梁的环境、交通、气候以及路面状况等进行评价。最后,评估公路桥梁在养护后所花费的养护成本与预期寿命。在公路桥梁全寿命周期的预防性养护工作中,主要的预防性养护技术措施有灌缝、喷雾封层、微表处以及热沥青混合料罩面等几种。在进行公路桥梁的预防性养护时,应该结合公路桥梁的实际状况进行养护技术的选择,采用合理的预防性养护技术对公路桥梁进行养护,从而节约养护成本,延长公路桥梁的使用寿命。因此,必须加强对公路桥梁预防性养护技术评估的研究。

2.预防性养护最优时间的选择

在公路桥梁全寿命周期的预防性养护中,占据核心地位的就是预防性养护最优时间的选择,同时对预防性养护经济性有着重要的作用。在进行公路路面的养护时,想要节约养护成本,将其降低到最小,就需要选择最优的预防性养护时间。在进行预防性养护最优时间的选择过程中,经常使用的方法就是寿命周期成本分析法,寿命周期成本分析法即寿命周期成本评价。在公路桥梁全寿命周期的预防性养护决策中,为了得到全寿命周期的最低成本方案,就需要在整个周期内进行养护技术措施的应用,在不同时间段内通过对比选择出最经济的成本方案,这也是预防性养护决策分析的特殊点。预防性养护最优时间的选择对公路桥梁全寿命周期有着非常重要的影响,必须加强最优时间选择的研究。

### 三、公路桥梁养护全寿命周期对策

将 BLC 中规划、设计、施工、运营、养护等各个环节通过充分的信息交流集成为一个整体,使信息在各环节间能准确、充分的传递,各阶段参与方能有效地沟通与合作。

公路桥梁设计时应提高安全系数、选材时应考虑耐久性及环境因素、施工时应保证工期。公路桥梁设计单位应附带提出不可更换构件检查、维修的要求,不应将难题留给养护单位。公路桥梁养护单位根据设计部门要求,认真落实不可更换构件的养护细则,并及时反馈问题。公路桥梁设计时易损构件应便于更换,如盆式橡胶支座,墩顶应预留千斤顶位置。在大型桥梁设计中,重要部件应让养护人员易于接近;箱梁构造应便于养护人员通过;主梁及墩台内部尺寸至少不应妨碍检测仪器、维修设备的运送与放置;桥面人行道应可供检查车行驶;国外谷架桥梁墩台做成空心以方便检查的方案值得借鉴。桥梁施工时在梁侧及墩台上预设小孔,便于竣工后桥梁养护时悬挂脚手。公路桥梁施工时在桥上预留养护便道,便于竣工后桥梁检查、检测、维修等工作的开展。公路桥梁养护全寿命周期理念已经体现在工作的各个方面,如交通部已经下发文件,从规划设计阶段就要考虑桥梁的使用成本和耐久性,开展了这方面研究的课题,提高公路桥梁的耐久性,节约工程全寿命成本。

# 第七章 公路桥梁养护管理制度

随着社会经济的不断发展,交通压力明显增加,为了保证人们安全出行,对公路桥梁质量及安全性等方面提出了更严格的要求,公路桥梁施工过程中存在较多的危险因素,如未做好公路桥梁养护管理工作,出现安全事件的可能便会有所增加。

## 第一节 公路桥梁养护市场准入制度

公路桥梁养护市场准入制度在调整公路桥梁养护市场结构,确保公路运输安全,维护公路市场秩序等方面具有重要的意义。

### 一、公路桥梁养护市场准入准则

公路桥梁养护工程市场管理应遵循公开、公平、公正、有序竞争的原则,并实行统一领导、分级负责。交通运输部主管全国公路桥梁养护工程市场准入的监督管理工作。省级交通主管部门负责本行政区域内公路桥梁养护工程市场准入的管理工作。

#### (一)交通运输部的主要职责

监督执行国家有关公路桥梁养护的政策和法规。制定公路桥梁养护工程市场准入管理的有关规章。监督行业规章和技术规范的执行。培育和规范全国公路桥梁养护工程市场。依法查处违反本规定的行为。

## (二)省级交通主管部门的主要职责

监督执行国家有关公路桥梁养护政策、法规、规章和技术规范。制订本行政区域内公路桥梁养护工程市场准入管理的有关规定。负责本行政区域内公路桥梁养护工程从业单位资质审定和资质证书的颁发。维护本行政区域内公路桥梁养护工程市场秩序,依法查处本行政区域内违反公路桥梁养护工程市场准入管理相关规定的行为。

## (三)省级公路管理机构的主要职责

监督执行公路桥梁养护工程市场准入管理的有关规定。负责组织本行政区域内公路桥梁养护工程从业单位资质的评定和复审等具体管理工作。负责对进入本行政区域内从事公路桥梁养护工程作业的外埠从业单位资质的确认。发布本行政区域内公路桥梁养护工程市场信息。承办省级交通主管部门委托的其他事情①。

### 二、公路桥梁养护企业资质管理

养护资质是评价从业单位专业素质水平的主要标志之一,也是在技术市场管理从业单位必备的条件之一。因此,规范的养护工程市场必须对从业单位的资质进行严格的控制和确认,以确保良好的养护质量、养护声誉与养护市场秩序,对公路桥梁养护工程从业单位来说,应当实行资质审批、复审和确认制度。资质评定是对公路桥梁养护工程从业单位的资历、能力和信誉的认定;复审是对已具备资质且已进入公路桥梁养护工程市场的从业单位的能力、业绩和信誉的认定;确认是对外省、自治区、直辖市已具备资质的养护从业单位进入本省、自治区、直辖市承揽公路桥梁养护工程时对其能力、业绩和信誉的认定。

### (一)公路桥梁养护单位资质审批、复审与确认制度

进入公路桥梁养护工程市场的公路桥梁养护工程从业单位必须取得相应资质。申报公路桥梁养护工程资质的从业单位必须提出书面申请,按要求填写申报表,并提供下列资料:从业单位企业法人营业

---

①孟丛丛,柳海龙.公路养护技术与管理[M].北京:北京理工大学出版社,2015.

执照或者事业单位法人证书;主要负责人身份确认文件;所有工程技术、经济管理人员的职称(资格)证书复印件和养护技术工人上岗等级证书复印件;从事公路桥梁养护工程的资历、能力的评价和证明;从业单位连续三年财务状况的有效证明;拥有公路桥梁养护工程设备的有关证明。

### (二)公路桥梁养护单位资质分类

公路桥梁养护工程从业单位的资质分为三个类别,共五个级别。

一类养护工程:可以承担大、特大型桥梁或长、特长隧道以及特殊复杂结构的桥隧构造物的中修和大修养护工程。

二类养护工程:二类养护工程资质分为甲级、乙级。甲级:可以承担一级公路和高速公路的路基、路面、中小桥、涵洞、中短隧道、绿化及沿线设施(不含监控、通信、收费管理系统)等的中修和大修养护工程。乙级:可以承担二级及其以下等级公路的路基、路面、中小桥、涵洞、中短隧道、绿化及沿线设施(不含监控、通信、收费管理系统)等中修和大修养护工程。

三类养护工程:三类养护工程资质分为甲级、乙级。甲级:可以承担高速公路、一级或二级公路的小修保养。乙级:可以承担二级及其以下等级公路的小修保养作业。

改建工程从业单位的资质管理参照交通运输部《公路建设市场管理办法》的规定执行。

### (三)资质条件

1. 一类公路桥梁养护工程

申请一类公路桥梁养护工程从业资质的从业单位应具备下列条件:具有从事大、特大型桥梁、特殊复杂结构桥梁或长、特长隧道中修或大修养护工程5年以上作业经历;独立承担过10座以上的大、特大型桥梁和2座长、特长隧道的中修和大修工程,工程质量合格;没有长、特长隧道的省份,可取消隧道养护条件;工程技术、经济管理专业技术职称的人员不少于15人，其中公路、桥梁专业中级职称以上的人员不少于10人；从事公路桥梁或隧道大中修养护工程施工的工人必须具有相应养护维修操作等级证书，其中高级工不少于10人，中级工不少于20人；注册资本金200万元以上；具有与公路大、特大型桥梁、特殊复杂结构桥梁或长、特长隧道中修以上养护工程施工相适应的专业机具设备。

2.一类公路桥梁养护工程

申请二类公路桥梁养护工程从业资质的从业单位应具备下列条件。

甲级：具有一级和高速公路的路基、路面、中小桥、中短隧道、涵洞、绿化渡口及沿线设施（不含监控、通信、收费系统）等的中修、大修养护工程5年以上作业经历；独立承担过不少于30千米的一级公路和高速公路的路基路面大中修工程、不少于5座桥梁的大中修工程、不少于20千米的一级公路和高速公路绿化工程，且工程质量合格；工程技术、经济管理人员不少于15人，其中公路、桥梁专业中级以上职称的人员不少于10人；从事一级和高速公路大中修工程施工的工人必须具有相应工种的养护维修操作等级证书，其中高级工不少于15人，中级工不少于30人；注册资本金200万元；具有与一级和高速公路中修、大修工程施工相适应的专业设备。

乙级：具有二级及其以下等级公路的路基、路面、中小桥涵、绿化、渡口及沿线设施（不含监控、通信、收费系统）等的中修、大修养护工程5年以上作业经历；独立承担过不少于50千米的二级及其以下公路的路基路面大中修工程、不少于5座桥梁的大中修工程、不少于20千米的二级公路绿化工程，且工程质量合格；工程技术、经济管理专业技术职称的人员不少于12人，其中具有公路、桥梁专业技术职称的人员不少于8人；从事二级及其以下等级公路大中修工程施工的工人必须具有相应工种的养护维修操作等级证书，其中高级工不少于10人，中级工不少于20人；注册资本金100万元；具有与二级及其以下等级公路中修、大修工程作业相适应的专业设备。

3.三类公路桥梁养护工程

申请三类公路桥梁养护工程从业资质的从业单位应具备以下条件。

甲级：从事高速公路或一级公路小修保养作业5年以上或二级公路小修保养作业8年以上；工程技术、经济管理专业技术职称的人员不少于10人，其中具有公路、桥梁专业技术职称的人员不少于3人；从事小修保养作业的工人必须具有相应工种的养护维修操作等级证书，其中中、高级工不少于20人；注册资本金100万元以上；具有与从事高速公路及一级公路小修保养作业相适应的清扫、绿化及其他专业机具设备。

乙级：从事二级及其以下等级公路小修保养作业5年以上；工程技术、经济管理专业技术职称的人员不少于6人；从事小修保养作业的工人必须具有相应工种的养护维修操作等级证书，其中中、高级工不少于10人；注册资本金50万元以上；具有从事二级公路及其以下等级公路的小修保养作业的机具设备。

省级公路桥梁管理机构对公路桥梁养护工程从业资质实行三年复审制，复审结果报省级交通主管部门核准。取得从业资质的公路桥梁养护工程从业单位，发生下列行为之一的，省级交通主管部门可暂停或者取消其从业资质：发生质量责任事故的；隐瞒真实情况、弄虚作假取得从业资质的；发生安全责任事故的；无故拖延工期的；其他违规、违纪行为。

暂停从业资质的整改期一般为6个月。暂停从业资质的从业单位在整改期内不得承揽相应类别的公路桥梁养护工程项目。被取消从业资质的养护工程从业单位，一年内不得重新申报相应从业资质。

# 第二节 公路桥梁养护招投标制度

招标投标是市场经济中的一种竞争方式,是在双方同意的基础上进行的一种交易行为。其特点是由唯一的买主设定标的,招请若干个卖主通过秘密或公开报价进行竞争,从中选择优胜者与之达成交易协议,随后按协议实现标的。工程招标是建设单位(发包人)就拟建的工程提出招标条件,发布招标公告或信函,邀请投标企业前来提出自己完成工程的报价和保证,从中选择条件优越的投标企业完成工程建设任务的委托方式。建设单位通过招标程序,从中选择评比标价低、工期合理和社会信誉高的承包单位,达到"货比三家,从中选优"的目的。

在公路桥梁养护工程中,对大修工程和较大的专项工程通过招投标方式优选施工单位,既是国家工程建设法律法规的明确规定,也是公路桥梁实行管养分离、提高养护管理水平和养护质量水平的重要手段,同时也是养护中心强化管理、增强自我发展能力的有效措施。公路桥梁养护市场化是近年来交通运输部制定的公路桥梁养护体制改革的一项目标,公路桥梁养护招投标工作则是公路桥梁养护走向市场化的一个关键环节。实行公路桥梁养护招投标能够激发职工竞争意识,实现"两高一低",即提高公路桥梁养护质量和养护工人收入,降低养护成本,是一项切实可行的管理办法。

公路桥梁养护招投标应当坚持公开、公平、公正、诚实守信的原则,以管理水平、技术水平、社会信誉和合理报价等展开竞争。公路桥梁养护工程的招标投标活动受国家法律的保护和约束,任何单位和个人不得以任何方式干预公路桥梁养护工程招标投标活动。

## 一、公路桥梁养护招标

### (一)招标人应具备的条件

招标人应具备的条件有以下几点:具有法人资格;有组织编制招标文件和标底的能力;有对投标人进行资格审查和组织评标定标的能力;招标人可以委托或指定符合上述条件的代理机构,具体负责公路桥梁养护工程招标的实施。

### (二)招标项目应具备的条件

招标项目应具备的条件有以下几点:项目已列入年度养护维修计划;资金来源已落实;有关养护方案或者设计文件已经完成;招标文件已编制完毕;其他相关准备工作已完成。

公路桥梁养护招标投标还应满足下列条件之一:公路小修保养最小标的为连续20km以上或者小于20km的整条路段,最短养护合同期限为一年;大中修公路桥梁养护工程投资100万元以上的项目。

### (三)招标方式

1.公开招标

招标人通过报刊、广播、电视、信息网络等媒介公开发布招标公告,邀请不特定的法人或者其他组织投标。

2.邀请招标

招标人以投标邀请书的方式邀请特定的法人或者其他组织投标,邀请的投标人不得少于3个。因突发事件、紧急抢险或战备需要而安排的特殊公路桥梁养护工程项目可采取指定养护单位的方式进行。

### (四)公路桥梁养护招标程序

1.公开招标

公开招标的程序包括以下几点:组织编制招标文件;发布招标公告;发售资格预审文件;资格预审,并向资格审查合格者发售招标文件;组织投标人勘察现场,针对投标人的询问,解释招标文件中的疑点;组织编制标底和制定评标办法;组织开标并进行标书清算、算术性

复核与澄清；评标并推荐中标人；确定中标人，并履行有关批准程序；发出中标通知书；与中标人签订公路桥梁养护工程项目合同。

2.邀请招标

邀请招标的程序包括以下几点：发出投标邀请书；发售招标文件；组织投标人勘察现场，针对投标人的询问，解释招标文件中的疑点；组织编制标底和制定评标办法；组织开标并进行标书清算、算术性复核与澄清；评标并推荐中标人；确定中标人，并履行有关批准程序；发出中标通知书；与中标人签订公路桥梁养护工程项目承包合同。

## （五）招标文件的基本内容

### 1.投标邀请书

投标邀请书包括公路桥梁养护工程项目名称，递交投标文件、开标的时间和地点等。

### 2.投标须知

投标须知包括公路桥梁养护工程项目概况、资金来源、工期要求、报价编制、招标程序和有关规定、评标定标原则等。

### 3.合同及合同条款

合同及合同条款包括合同文件格式、通用合同条款、特殊合同条款等。承发包合同中明确的各项条款应全面、正确地阐述合同双方相互的权利和义务关系。合同条款主要内容包括承发包形式、付款和结算办法、索赔、工期要求、质量要求、现场交通组织的要求、施工安全措施、解决变更的方式、主要材料供应方式和价格、验收以及违约责任等。

### 4.技术文件

技术文件包括应采用的技术标准和操作规程的名称、养护技术要求、养护工程项目特殊要求、原路技术状况、计量与支付规则、质量标准与验收等。

5.投标书格式及附表

投标书格式及附表包括投标书应包括投标人投标标段或工程、投标价、工期、投标文件有效期等;附表主要包括投标人组织机构及人员表、参加工程任职主要人员简历表、投入工程的主要机械设备表等。

6.评标办法

评标办法包括对公路小修保养、中修和大修工程项目的评标、定标原则等。招标人如需对招标文件进行补充说明、勘误、澄清等局部修正时,最迟应在投标截止日期前15天,以书面形式通知所有投标人。补充说明、勘误、澄清等局部修正,与招标文件具有相同的法律效力[①]。

### (六)资格审查

招标人发售的资格预审文件的主要内容应包括资格预审通告(邀请书),包括招标人名称、地址;招标项目性质、数量;获取资格预审文件办法、时间和地点等。资格预审申请人须知包括资格预审申请的提交地点、截止日期、资质要求、主要证明文件、工程资金来源、工期、是否可联合投标、特别要求等。资格预审申请表包括企业名称、组织机构、财务状况、人员、设备、业绩;拟投入本工程的主要管理人员、技术人员及设备;公路桥梁养护工程概况。

投标人递交的资格预审文件的主要内容应包括投标人有效的证明、投标人现承包公路桥梁养护工程的基本情况、各类专业技术和管理人员的构成、试验设备和养护机具设备、投标人资产情况及负债情况、公路桥梁养护工程质量与同类项目业绩等。

### 二、公路桥梁养护投标

资格审查合格并接到招标文件的投标人,应按时参加招标人主持召开的投标预备会(标前会)及查看现场,按照"投标须知"的要求认真编制投标书,编制投标书及任何说明函件应经单位盖章及单位负责人

---

①侯相琛,曹丽萍. 公路养护与管理[M]. 北京:人民交通出版社,2015.

签字,并在招标文件规定的日期内按要求的标书双层密封后送交招标人。

投标书的内容包括:投标书及其附表;有效的授权书;有报价的工程量清单及总价汇总表;公路桥梁养护工程作业方案包括进度安排、平面布置、主要养护作业方法、交通疏导方案、技术和安全措施、质量目标、质量保证体系等。

投标人在领取招标文件、设计文件和有关资料时应交纳工本费,在递交投标书时,应同时提交投标保证金或由开户银行出具的投标保函。保证金数额、交付方式及保证金返还办法由招标人在招标文件中规定。

投标人在招标文件要求提交投标书的截止日期前,可以补充、修改或撤回已提交的投标书,并书面通知招标人或招标代理机构。补充、修改的内容为投标书的一部分,应使用与投标书相同的密封方式投递。

投标不得串通作弊,不得哄抬标价,不得对招标人行贿,违者丧失投标资格,并无权请求返还有关费用。

### 三、开标、评标及定标

#### (一)开标仪式

开标仪式由招标人或委托代理招标机构组织并主持。投标人应出席开标仪式。规模较大的公路桥梁养护工程项目,招标人可邀请同级交通主管部门、上一级公路管理机构以及纪检监察等部门的代表参加。需进行公证的,应有公证机关出席。开标时,由招标人及有关各方检查各份标书的完整性,并宣读各份投标书主要内容。进行公证的,由公证人员对宣读的标价及相关内容现场复核,并致公证词。

属于下列情况之一者,应作为废标处理:投标书未按招标文件规定的方式密封;投标书未加盖本单位公章及未经法人代表或者有效的授权委托人签字;投标书未按招标文件规定的格式、内容和要求编制;

投标书字迹潦草、模糊、无法辨认;投标人在一份投标书中,对同一个项目报有两个或多个报价;投标人递交两份或多份内容不同的投标书,未书面声明哪一个有效;未按要求提交投标担保的;投标人未经招标人同意擅自参加开标仪式。

开标后,招标人和投标人不得通过补充说明和有关资料,改变投标书的实质内容和报价。

### (二)评标

评标工作由招标人或委托招标代理机构主持。评标工作组由招标人代表和有关技术、经济等方面的专家组成。评标工作组一般由5人以上的单数组成,其中技术、经济等方面的专家不少于成员总数的2/3。评标、定标原则:响应招标文件的要求,报价合理、公路桥梁养护工程作业方案可行、技术先进、能确保养护工程质量、具有良好的业绩和信誉。评标时,应根据上述原则就具体项目要求,就投标书的主要内容,投标书的信誉、条件及已制定出的具体评分标准等项目,对投标书逐一进行评定,以求全面、公正。

评标过程中,评标小组可分别请投标人就投标书的有关问题进行澄清,投标人应给予书面答复。澄清内容作为投标书的组成部分,但不得改变投标书的实质内容和报价。评标工作组成员不得索贿受贿,不得泄露应当保密的与招标投标活动有关的情况与资料。在评标、定标工作期间,评标工作组成员不得私下接触投标人。评标可采用评分、投票或者其他约定方式进行。自开标到定标时间一般不超过7天。招标人根据评标小组提出的评标结论和中标候选人顺序确定中标人。

招标人和中标人应当自中标人签收中标通知书之日起30日内签订书面承包合同。公路桥梁养护工程项目承包合同应当按照招标文件、中标人的投标文件、中标通知书及有效的补充文件和信函签订。招标人和中标人不得再行订立背离合同实质性内容的其他协议。

### (三)签订合同

签订合同的过程中有以下问题需要注意:中标人拒签合同无权请求返还投标保证金;招标人拒签合同,应双倍返还投标保证金;因中标人的责任未能在规定期限内签订合同,可由招标人重新确定中标人;中标人应向发包人送交由开户银行出具的履约保证金(简称保函),保函金额为合同总价的10%以下;签订的承包合同应报备。承包合同的承发包人应当按合同约定履行双方的权利和义务,维护合同双方的合法权益,确保养护质量,保障公路畅通。

# 第三节 公路桥梁养护合同管理制度

合同管理是公路桥梁养护市场化管理中另一个不可或缺的重要部分。它对保护当事人的合法权益、建立自由诚信的市场秩序、规范养护市场行为起到积极的作用。合同管理通常是指公路业主与养护承包方通过合约方式建立的经济关系,也可以理解为合同当事双方进行的自身管理。业主可以通过合同管理提高投入产出效益,实现管理目标;养护承包商可以通过合同管理提高企业信誉度与知名度,通过不断改善内部管理来降低养护成本,为自己创造财富。

## 一、公路桥梁养护合同的选择

公路桥梁养护合同不同于一般的经济合同,养护合同是根据业主要求完成具有特定内容的工作所订立的协议文件。按照付款方式的不同,养护合同可分为总价合同、单价合同和成本加酬金合同三类。

### (一)总价合同

总价合同是指在养护上应当指同一标的,由不同项目组成并以总价支付的合同形式。一般适用于具有相对固定的周期、较长的时限、工程技术难度与风险相对不大的养护项目,如公路桥梁的日常维修保养。

由于我国市场机制还不够完善,公路桥梁日常养护维修保养中采用比较规范的总价合同还不多见。但在一些发达国家就有比较成功的实例。如加拿大卑诗省公路桥梁养护自1989年开始全部由私营承包商管理,在政府招标时实行的是为期5年的养护总价合同;合同履行时,政府每年按月支付费用,并按年度对总价做必要的调整,当遇到特殊的灾害时,承包商必须先支付一定数额的修复费用后政府再给予补贴,以减少承包商的风险。这些做法很值得我国借鉴。

采用总价合同将迫使养护企业放弃短期行为,在公路基础设施维护上承担更大的责任并做出较长远的考虑,有利于提高公路日常维修保养的质量,但同时也应看到,总价合同需要确定较准确的工作量,要有较科学的日常保养定额和对路桥状况做出合理的综合评价,同时也要有较丰富的养护管理经验。对于公路业主来说,总价合同即是一个合理的选择又是一个较高的要求,有待于进一步的探索和完善。

### (二)单价合同

单价合同一般适用于工程项目明确、具有一定规模、技术难度比较高的养护项目。公路专项养护工程及大修养护工程应当选择单价合同。

单价合同一般按照招投标文件或承包人要求都附有工程量清单,并依据工程量清单确定分部分项工程费用,据此得出单项工程造价。公路的专项或大修养护工程在实施过程中一般都有监理工程师在场监督,业主根据承包商完成的工序及监理工程师核定的合格工程量计量支付工程款,以保证合同的履行和落实。

单价合同在我国公路桥梁养护管理中比较常见,使用的频率较高,也累积了不少经验。工程项目的投资有比较明确的公路桥梁工程定额作为参考依据,又推行监理制度,合理分摊工程风险,承包人完全可以通过加强管理、提高工艺来节约成本,提高利润。

### (三)成本加酬金合同

成本加酬金合同是指以养护工程的成本为基础,另加一定数量或比例的酬金而形成的养护合同,一般适用于需要紧急进行、缺少经验、工艺复杂且风险很大的养护工程项目。例如,在公路桥梁养护管理中,灾害后的养护抢修、特殊结构桥梁的养护维修、部分机电通信项目的维护等,比较适合采用成本加酬金的合同形式,但因其不具备激励与竞争的性质,所以只可以作为养护市场合同管理中一个补充形式,而不宜广泛或长期使用。

## 二、公路桥梁养护合同文件

招标文件是签订养护合同的主要依据,或者说招标文件构成了养护承包合同的要件。按照养护工程市场管理要求,公路桥梁日常维修保养、专项工程及大修工程等均应逐步向社会开放公平招投标管理。公路业主在招标前,必须把拟招标的养护工程项目的技术经济条件编写成招标文件,以提供给投标人阅读理解,同时与确定的中标人签订承包合同,将养护工程项目落到实处。由此可知,养护合同的管理贯穿于招投标及其养护项目实施的整个过程,凡是涉及招投标的主要文件均应视为合同的组成部分。

招标文件包括通用条款和专用条款。一般情况下,招标文件会依照其不同项目制订国内行业范本,交通运输部制定的《公路工程国内招投标文件范本》(2009版),要求公路工程项目的通用条款一律采用范本不作更改。专用条款则是根据各地区和项目涉及的具体情况,在通用条款的基础上对其中的某些商务或技术条款进行修订或补充,编制特殊的合同条款和补充技术规范并形成各具特色的"专用本"。招标文件的组成一般包括以下八个部分[①]。

### (一)招标公告或投标邀请书格式

招标公告包括对拟招标养护项目招标条件、项目概况与招标范

---

①朱丽霞. 路桥工程合同管理的必要性及加强措施[J]. 现代商业,2011(11):144.

围、投标人的资格要求、招标文件的获取、投标文件的递交与相关事宜、发布招标公告的媒介、联系方式等说明。

### (二)投标人须知

1.投标人须知前附表

投标人须知前附表的内容对应于投标人须知正文相关条款号,主要包括:项目概况;资金来源和落实情况;招标范围、计划工期和质量要求;踏勘现场;投标预备会的时间和地点;偏离范围和幅度;构成招标文件的其他材料;投标截止时间,投标有效期,工程量清单的填写方式(固化或书面),投标人须知前附表规定的其他材料;投标人递交投标文件的地点等。

2.投标人须知正文

投标人须知正文包括总则、招标文件、投标文件、投标、开标、评标、合同授予、重新招标和不再招标、纪律和监督以及需要补充的其他内容。投标人须知加强了对于投标人的诚信要求。具体规定为:招标人将进一步核查投标人在资格预审申请文件中提供的材料,若在评标期间发现投标人提供了虚假资料,招标人有权对投标人的投标文件做废标处理,并没收其投标担保;若在评标结果公示期间发现作为中标候选人的投标人提供了虚假资料,招标人有权取消其中标资格并没收其投标担保;若在合同实施期间发现投标人提供了虚假资料,招标人有权从工程支付款或履约保证金中扣除不超过合同总价10%的金额作为违约金。同时,招标人将投标人上述弄虚作假行为上报省级交通主管部门,作为不良记录记入公路建设市场信用信息管理系统。

### (三)评标办法

评标办法可分为三种,分别是综合评估法、合理低标价法、经评审的最低投标价法。

公路工程施工招标评标,一般应当使用合理低标价法。使用世界银行、亚洲开发银行等国际金融组织贷款的项目和工程规模较小、技

术含量较低的工程,可使用经评审的最低投标价法。不同的评标方法其分值构成和评分标准不同,但是三种方法都是由评标办法前附表和评标办法正文组成。

1.评标办法前附表内容

评标办法前附表对应于评标办法正文相关条款号,主要包括:形式评审与响应性评审标准;资格评审标准;分值构成;评标基准价计算方法;评标价的偏差率计算公式;施工组织设计、项目管理机构、评标价、其他因素的权重分值与评分标准。

2.评标办法正文

评标办法正文包括:评标方法(规定采用何种方法)、评审标准和评标程序。

## (四)合同条款及格式

1.合同通用条款

合同通用条款主要包括以下内容。

(1)监理工程师和监理工程师代表

具体包括监理工程师的职责和权限、总监理工程师代表、总监理工程师权限的委托、各级监理人员的任命、书面指令、监理工程师秉公办事。

(2)转包和分包

禁止转包。分包应得到业主或监理工程师的批准,且不超过一定比例。

(3)合同文件

合同文件包括法律、合同文件的优先次序,图纸和技术资料的提供、工程进度受影响、图纸或指示延误和延误造成的费用、承包人未能提交相关图纸,临时工程图纸、补充图纸和指示、承包人提供的施工图纸。

（4）一般义务

一般义务包括：承包人的一般责任、现场作业和施工方法、合同文件中的差错、承包人工程资金的管理；合同协议书；履约担保、履约担保的有效期；参考资料、现场考察；投标文件的完备性、不可预见的外界障碍或自然条件；工程符合合同要求；工程进度计划的提交、工程进度计划的修改、年度施工计划的提交、合同用款的提交、未解除承包人的义务或责任；承包人对合同日程的管理、承包人的施工机械、承包人的职工、监理工程师有权反对；施工定线与放样；钻孔和勘探性开挖；安全、保卫与环境保护；工程的照管与维护、弥补损失或损害的责任、由于业主风险所造成的损失或损害、业主的风险；工程的保险、保险范围；承包人的雇员及装备的保险；例外情况；未能取得保险赔偿额的责任；保险的凭证、足够的保险额、对承包人未投保的补救方法、遵守保险单的条件；遵守法令法规；文物；专利权、料场使用费；施工队邻近房产和群众的干扰；避免损坏道路、临时道路、水运、爆破器材的运输保管；为其他承包人提供方便；承包人保持现场整洁；交工时的现场清理、交工后现场未清理的处理。

（5）劳务

劳务包括：职工的聘（雇）用、安全员和事故防范、妨碍治安的行为；卫生和供水；武器或弹药；劳务和承包人装备的统计表、事故报告。

（6）材料、设备和操作工艺

材料、设备和操作工艺包括：材料、设备和操作工艺的质量、样品费用、检（试）验费用、未规定的检（试）验费用；监理工程师对未规定的检（试）验的决定；作业的检查、检查和检验的目的、拒收、独立的检查、试验室；工程覆盖前的检查、剥开和开孔；不合格材料或设备的拆运；承包人不执行指令。

（7）暂时停工

一旦监理工程师有指令，承包人应按照监理工程师要求的时间和方式暂时停止本工程或其部分工程的施工。在暂时停工期间,承包人应妥善地保护本工程或其任何部分工程,并保证其安全无损。

(8)开工

项目开工指承包人应在签订合同协议书后28天内向监理工程师提交开工报告,主要内容应包括:施工管理机构的建立;劳务、机械设备、材料的进场情况;临时设施的修建及总体施工组织设计等。监理工程师将在投标书附录中规定的期限内发布开工指令,承包人收到监理工程师开工指令之后,应在投标书附录中规定的开工期内开工,然后连续均衡地施工。

2.合同专用条款

合同专用条款是在通用条款中明确指出要在合同专用条款或数据表中予以具体规定的数据、信息或与工程所在地具体情况有关的规定,是必备条款,不能缺少,否则通用条款就不完善。

3.合同协议书格式

合同协议书格式包括合同协议书格式、廉政合同书格式、安全生产合同项目经理委托书格式、联合体协议书格式。

### (五)工程量清单

工程量清单是养护工程投标的基础,也是最终结算与支付的依据。工程量清单中养护合同工程的每一个细目均须填入单价,投标人应认真仔细地对照投标须知、合同条款、技术规范等进行填写与复核,确保准确性。工程量清单包括工程细目、专项暂定金额汇总表、计日工明细表、工程量清单汇总表。

### (六)图纸

图纸即招标范围的施工图纸。

### (七)技术规范

技术范围主要规定了施工技术要求以及计量支付的有关规定。

### (八)投标文件格式

投标文件格式包括投标书格式、投标书附录、投标担保格式、授权书格式、拟为承包本合同工程设立的组织机构图、拟在本合同工程任职的主要人员简历表、拟投入本合同工程的主要施工机械表、拟配备本合同工程主要的材料、测量、质检仪器设备表、合同条款估算表、临时占地计划表、分包人表、特殊分包人表、调价公式的近似权重系数表、材料及其价格指数表。

### 三、公路桥梁养护合同的履行

公路桥梁养护合同的履行,即自合同生效之日起,承包人按合同的要求完成对公路的养护,监理工程师按合同的技术规范对其养护成果的监理与验收。当双方在执行合同过程中发生争议、纠纷时,应按照合同的规定进行协调解决。解决纠纷期间应保持公路桥梁养护的连续性,确保公路畅通和公路质量不受到损害;协调不成时,任何一方均可向国家规定的合同仲裁机构申请调解或仲裁,没有约定仲裁的可以直接向人民法院起诉。在公路桥梁养护市场中任何违纪违法者都要承担法律责任。对隐瞒真实情况、通过弄虚作假申请各类专业养护资质的单位,则取消其养护资质。

如投标人在资质审查过程中不符合要求的,其标书作为废标处理,并无权请求返还投标保证金。

发包人未按合同要求及时支付工程款,造成养护项目严重停滞的,除应采取措施减少损失外,还应赔偿承包人由此造成的停工、窝工、机械设备调遣、材料积压等经济损失。

承包人如果不重视施工现场管理,不服从监理,违章作业,养护质量差,公路路况水平严重下降,工程质量低劣,偷工减料或采用不合格材料造成工程无法弥补损失的,可暂定或取消其资质,并视情节赔偿发包人全部或部分直接经济损失;造成重大质量事故或人身伤亡的,除按国家规定处罚外,由质量监督部门视情节予以通报批评或给予警告处罚。由于勘察设计和技术咨询单位造成返工或延误工期的,发包人可扣减5%~10%的勘察设计或技术咨询费;造成重大质量事故的,除扣除其损失部分的勘察设计或咨询费外,由公路局视情节给予处罚。由于监理单位或监理人员过错造成重大质量事故的,除扣除其损失项目的监理费外,由两级质量监督部门视情节给予处罚,并依据有关规定对监理人员注销其监理工程师资格。

公路桥梁养护市场管理人员及进入市场的各类专业人员在市场运作中出现失职、渎职、索贿、行贿行为,损害有关单位合法权益和国家利益的,视情节由纪检监察部门会同有关部门给予纪律处分,情节严重构成犯罪的由司法部门依法追究其刑事责任。

如果上述当事人对处罚决定不服的,在接到处罚决定之日起15日内,向公路管理部门申请复议或直接向人民法院起诉。

### 四、公路桥梁养护合同的责任承担

对于实行社会监督制度的公路桥梁养护项目,合同的执行过程就是业主委托监理工程师进行项目管理的过程,也是监理工程师对承包方的工作实行监理的过程。这时的合同管理就要明确业主、承包人和监理工程师三方的权利与义务,按照合同条款,保证自己的权益。

#### (一)业主的权利与义务

业主的权利与义务包括:颁发中标函,授予合同;编制双方的合同协议。同意和拒绝承包商关于转让工程任何部分的问题;批准承包商递交的担保、保险单及承保者;承包商有适当的保证,业主应支付预付款;当监理工程师开具支付证明后,应及时向承包商付款。

开工后,授权承包商进入现场,当监理工程师颁发移交证书时业主应接受工程。若承包商违约,业主可授权其他人去完成养护工作,也可终止合同。业主应和监理工程师保持联系,以便使工程顺利完成。监理工程师按照合同要求决定增加或减少工程量和单价,或工程延期之前要和业主协商,业主应及时做出响应。

### (二)承包人的权利与义务

承包人的权利与义务包括:在合同规定的时间内,进行中标项目的施工与竣工;开工前迅速及时地办理和提交各种保函、保险单;制订详细的施工进度计划;不负责永久性工程的设计和规范,也不负责不由其设计的任何临时工程;接受和遵从监理工程师代表业主发布的各种指令;在整个施工期内负责保护工程直到移交给业主;对其职工和劳务人员负责,承担他们的社会保障和保险金。

承包商自己设计的临时工程,必须将设计书、计算书(造价、经费、预算)递交监理工程师评价和批准。如果业主违约,承包商可以终止合同或降低工程进度。承包商应对每个分包商的行为和工作负责。几个承包商在一个地区施工时,应相互协作,提供各种便利,并且这种协作应体现在各承包商的施工组织中。缺陷责任期内有义务修补任何缺陷。

### (三)监理工程师的权利与义务

监理工程师不属于业主及承包商任何一方,其主要义务是在养护工程中以合同为依据遵循业主的要求。在合同中有需要监理工程师酌情处理时,监理工程师必须在业主和承包商之间公平而无偏袒地行使权利。在施工过程中对承包商发布信息和指示。保证施工材料工艺的质量。校核并签署已完成工作量并递交业主,要求业主去支付。评价承包商工作的建议。业主与承包商之间的联系必须通过监理工程师,以避免混乱和误解。

监理工程师在某些特殊情况下有权决定额外支付,以便高效管理。监理工程师的责任是解释书面合同,但业主与承包商均不受此解释的约束,任何一方对解释不满最终可申请仲裁,为避免工程中断或耽误,双方必须遵守监理工程师的决定。如果承包商不同意监理工程师的某项指令,也必须执行该指令,监理工程师有权告知承包商可做书面记录。

# 第四节 公路桥梁养护工程监理制度

工程监理是对工程建设有关活动的监督管理,具有巡视、检查、评价、控制等从旁纠偏、督促目标实现的功能。不同于一般的监督管理,而是一个以严密的制度构成其显著特征的综合管理行为。工程监理通过对工程建设参与者行为的监控、督导和评价,并采取相应的管理措施,保证工程建设行为符合国家法律、法规和有关政策,制止建设行为的随意性和盲目性,促使工程建设费用、进度、质量按计划实现,确保工程建设行为的合法性、科学性、合理性和经济性。

## 一、监理工作的基本原则与要求

监理工程师受业主委托进行养护工程监理,提供的是一种相对知识密集型的咨询服务。监理工程师的监理行为受到国家有关法令、法规及合同条款的限制与制约,我国公路工程监理的基本原则是"严格监理、热情服务、秉公办事、一丝不苟"。

### (一)严格监理

严格监理是指认真按照监理规范及技术规范行使监理工程师的职权,评判承包商的施工行为是否满足合同文件的要求以及做出符合合同文件要求的决策。如对每一道工序质量根据技术规范要求进行检查、评定,对下道工序的开工准备进行检查判定是否具备开工条件以及做出正确的决策,即批准下道工序开工前,上道工序返工或采取某些必要的补救措施后再开工下道工序等。

### (二)热情服务

监理工作是一种服务行为,各级监理人员应完全领会热情服务这一原则,同时要贯彻在实际的施工监理工作中。施工监理是一种合同管理工作,但绝不是传统意义上的行政管理工作。对于正常或合同文件明确的监理服务范围内的工作,监理工程师应积极主动地予以完成,同时求得业主与承包商的配合,而不是被动地等业主或承包商找上门来求监理工程师解决问题,更不能采取敷衍、搪塞或刁难的态度。

### (三)秉公办事

FIDIC(国际咨询工程师联合会)条款中明确指出监理工程师必须行为公正。秉公办事主要是指监理工程师在施工监理行为中一方面要严格按照合同条款履行自己的职责;另一方面还要对某一施工行为的结果,或某一合同付款的执行情况做出客观、公正的评价,而不能带任何的感情色彩。要执行好这一原则,不可避免地对监理人员在道德素质、技术水平与经验上提出了很高的要求。

### (四)一丝不苟

一丝不苟主要强调的是监理工程师在施工监理过程中的工作态度与工作作风。一方面在对工地现场的检查及对文件审查过程中认真、踏实的态度有助于发现问题;另一方面在处理问题的过程中,不漏过任何一个环节,有助于问题得到满意的解决,只有这样才能做到防患于未然,并制止事故或合同纠纷的进一步扩大或升级。

### 二、监理工程师的业务工作

工程师的任务可以概况为"三控、三管、一协调",即质量控制、进度控制、计量与费用控制、合同管理、职业健康安全与环境管理、信息管理和组织协调。认真履行监理合同中规定的监理职责,充分运用业主权利,采取符合合同规定的组织、技术、合同和经济措施,对工程质量、进度、费用实行全面监理,严格合同管理和高效信息管理,保证合理地实现养护工程建设的质量、进度、费用、安全四大预期目标[①]。

### (一)进度控制监理

在合同履行过程中,监理人员必须本着公平、合理的原则,协调现场各承包方之间的关系,负责对合同文件的解释和说明,处理矛盾,以

①徐鸿雁. 公路桥梁养护工程项目质量控制研究[J]. 区域治理,2019(3):202.

保证合同的顺利执行,但无权改变合同条款。帮助承包方正确理解设计意图,负责有关工程图纸的解释、变更和说明,发出变更命令,提供新的补充图纸,在现场解决施工期间出现的设计问题,监督检查承包方的施工进度,审查承包方入场后的施工组织设计、施工方案和施工进度实施计划以及工程各阶段或分部工程的进度实施计划,并进行监督实施。按照合同条款处理或接受承包方的申请处理有关工期延长问题。审批承包方报送的各分部工程的施工方案、特殊技术措施,必要时发出暂停施工的命令和复工命令,并处理由此引发的问题。进度监理的具体内容包括:进度计划的检查与记录;定期举行工地会议,协调工程进度;局部修订工程进度计划;整体修订工程进度计划。

## (二)计量与费用监理

在工程质量、工期符合合同要求的前提下,监理工程师对工程计量支付的监督管理,是监理工程师对工程施工实施监督管理和调控的重要手段之一。工程费用包括合同文件中工程量清单内所列的以及因工程变更或业主未履行义务所涉及的一切费用。监理工程师应尽可能减少工程量清单中所列费用以外的支出,使工程总费用控制在预定额度之内。

## (三)合同管理

监理工程师按照合同约定,对执行合同过程中发生的有关合同问题包括工程分包、工程变更、工程延期、费用索赔、争端与仲裁、工程保险、违约和转让等进行检查和处理。

在工程施工过程中,对反映工程施工质量、进度、费用实施状况以及参与者之间关系的信息进行收集、整理、分析及使用,

## (四)职业健康安全与环境管理

职业健康安全与环境管理是围绕着动态目标控制展开的,而安全则是固定资产建设过程中最重要的目标控制基础。

### (五)信息管理

信息管理是监理工程师正确处理问题的依据,是监理工作成果的体现和工程档案的重要组成部分。

### (六)组织协调

监理单位是独立于业主和承包人的第三方,在工程实施过程中处于实施监督和管理的地位,对业主和承包人以及工程建设其他有关各方进行协调,使工程得以顺利进行是监理单位必须履行的职责。

## 三、监理工作质量保证

由于公路桥梁养护工程具有养护实施的强制性、养护对象的广泛性、养护的高成本性、养护方式的独特性、养护技术的复杂性等特点,因此对养护工程监理的各方面都有更高的要求,只有这样才能保证公路桥梁养护工程高质高效地完成。

监理工程师是施工监理工作的主体,监理工程师的行为是否适当是整个监理工作成败的关键,但有关其他各方对监理工作的认识和态度及行为对保障监理工作质量有十分重大的影响。为了保证监理工作质量,对下列几个方面的问题应引起高度重视。

### (一)合同文件是监理工作最基本的依据

业主、监理工程师、承包商三方必须对合同有充分共识,严格按照合同条件,依法监理是监理工作质量最基本的保证,监理工程师按照合同条件行使职权,业主应给予充分的支持,承包商也应理解和提供全面的配合。

### (二)高素质的监理团队是提高监理工作质量组织上的保证

高素质是指监理工程师必须有良好的职业道德、精湛的业务知识水平及丰富的实际工作经验,只有这样,才能使监理工程师在行使职权时做到准确、科学、公正。也只有这样才能得到业主、承包商的理解、支持和配合。

### (三)严格按照监理程序开展监理工作是监理工作质量的保证

监理工作程序充分体现了各级监理机构及人员的职责范围,严格遵循监理程序可以强化各级监理人员的责任意识,避免相互推诿、职责不清的现象发生。

### (四)监理工作的重点应放在各种问题及事故预防上,而非事后检验和处理

严格按照合同文件对承包商的人员、设备、材料进行检查,把好开工报告的审批关及工序的开工申请单的审批关,则可将事故消灭于萌芽状态,避免事故的发生和损失的扩大,以保证业主及承包商的利益。

# 第八章 公路桥梁养护管理内容

随着公路网络的逐步完善,道路等级的普遍提高,公路通车里程d
的不断增加,公路桥梁养护工作任务也将越来越多,越来越重。当公
路基础设施的建设对国民经济的"瓶颈"制约逐渐缓解后,交通行业的
管理重点也会逐步转向公路的养护和管理。随着公路交通基础设施
建设的飞速发展,公路桥梁养护工作的逐步深入,以往的公路桥梁养
护工程管理方法和模式已很难适应现代养护管理要求,对养护管理科
学化、规范化的要求越来越高,交通部也明确将公路桥梁养护成套技
术、综合信息服务、智能化养护运营管理作为下一个五年规划中技术
创新的重点。另外,信息技术的发展为养护管理科学化提供了技术手
段和保证,如何将实际的养护工作与先进的计算机信息技术结合起
来,使公路桥梁养护过程系统化、规范化和科学化,这是交通系统养护
工作者们共同的迫切愿望。

## 第一节 公路桥梁养护管理系统

随着公路桥梁经济的飞速发展,公路桥梁系统化、信息化程度越
来越高,公路桥梁养护管理系统是最近十几年来在桥梁工程界出现的
一个新领域。它涉及系统学、管理学、统计学、运筹学等多种学科,是
跨学科、跨领域的系统工程。公路桥梁管理系统对整个公路管理的发
展起着重要作用,特别是在资源约束的现代社会,它已经成为公路管

理不可或缺的环节。

## 一、路面管理系统概述

路面是道路的主要工程结构物。路面的投资在整个道路建设费用中占很大比例,通常可达10%~30%左右。这是一笔极为可观的资产。路面状况的好坏将直接影响到车辆的行驶舒适性和营运费用,也直接影响到社会的经济效益。如何决策好路面投资的去向(规划项目和选择对策),如何经营管理好这笔资产(设计、施工和维护),使之充分发挥出效益,具有十分重要的经济价值和社会效益。

路面使用过程中,其使用性能会因行车荷载和环境因素的不断作用而逐渐变坏。路面使用性能的恶化,将增加车辆的运行费用,包括燃油、轮胎和保修材料的消耗以及行程时间等。因而,在路面使用期内,还需继续投入大量资金以维护(包括养护和改建)路面,使之保持一定的使用性能。在资金充足的情况下,可以对所有不满足使用性能最低要求的路段及时采取养护或改建措施。然而,资金通常总是不充足的,这就需要考虑怎样把有限的资金分配到最需要采取措施并能取得最佳效果的路段上,使现有的路网保持合理的服务水平。因而,无论是新建路面或是维护现有路面,都需要进行有效的管理①。

路面管理工作,包括规划、设计、施工、养护、路况监测和评价、研究等方面。这些活动分属不同的管理层次。例如,规划活动主要关心的是网级水平上的投资决策和计划安排,而设计或施工活动则主要涉及各个工程项目的技术管理。

路面管理并不是一个凭空提出的概念。各个道路管理部门在日常工作中实际上不断地做出有关路面的各项管理决定。

每个道路管理部门都必须考虑如何向上级申请投资和决定如何使用好分配到的资金。这就需要对路网内路面的使用性能进行监测,对其现状做出评价,由此确定哪些项目需要投资,在预算允许的范围

---

①赵秋胜. 公路桥梁养护决策与管理系统研究[J]. 黑龙江交通科技,2015(8):132.

内按优先次序资助尽可能多的急需项目。需要投资的项目及其优先次序的确定,可以采用不同的标准和方法,从简单地汇总和取舍下属单位提出的项目申请清单,到应用计算机分析路网内所有候选项目的效益后提出"费用—效果"最佳对策。

项目优先次序的安排,需依据该项目的使用性能或服务水平现状。而路面的现状显然同其结构、荷载、环境和其它因素等历史状况有关,它是以前所做出的某些管理决策的结果。同样,目前所做出的管理决策也将对未来的路面状况产生影响。因此,做出管理决策时既要考虑它们的直接影响,也要预期它们对未来的影响。不仅需考虑目前的需要和所需的费用,也要考虑对将来的需要和费用所带来的后果。

在向上级管理部门申请投资时,除了以路面的现状和需要作为依据外,还应对投资的效益进行论证:如果申请得以批准,路网的服务能力或路况将会得到多大的改善;如果投资额减少,则路面的使用性能会恶化到什么程度,额外的用户费用和养护费用将增加多少,对今后的路况和投资会有什么影响。

上述分析表明,管理部门在进行管理决策时需要对所采取行动的后果做出预估。这种预估有时往往是决策者头脑中的"工程经验判断"。这种方式的预估有时可能是合理的,然而,它最大的缺点是,如果预估错了,很难分析出错误的原因。而采用某些特定的方法进行预估,就有可能在事先对先前采用的预估方法的可靠性进行分析,以确定预估方法中哪些部分需要修正。这就有可能不断更新和改善预估方法,使之逐步吻合实际。

相互关联的各部分路面管理工作,分别隶属不同的管理单位,如计划处、设计院、工程处、管理局、研究所等。这些单位往往在其管辖的工作范围内各自做出相应的管理决策,而这些决策有时是相互不协调的。例如,设计单位按计划任务书规定的使用性能要求和预算水平,假设某一施工质量控制水平和设计期内的养护水平,据此设计出路面结构。但施工和养护部门可能根据本单位的情况和条件,并不严格遵循对施工质量控制和养护水平提出的管理要求。这时,所修建的路面就可能达不到设计所预期的目标。所以,管理部门应及时提供充分的信息以沟通各下属单位,并协调各单位的管理决定。

由此,路面管理是协调和控制同路面有关的各项活动,其目的是使管理部门通过这一过程能有效地使用资源(资金、劳力、机具设备、材料、能源等),以最低的资源消耗,提供并维持在预定使用期内具有足够服务水平的路面。

而路面管理系统则是通过应用系统分析的方法,综合考虑技术、经济、社会和政治等方面因素,协调各项路面管理活动,促使路面管理过程系统化。它是为管理部门的决策人提供分析的工具和方法,帮助他们考虑和分析比较各项可能的对策,定量地预估各项对策的后效,在预定的标准和约束条件的基础上,选用"费用-效果"最佳的方案。因而,路面管理系统的建立和实施,可以帮助管理部门改善所做出的决策效果,扩大决策范围,为决策效果提供反馈信息,以积累管理经验,并保证部门内各级单位决策的协调一致性。

### 二、路面管理系统的组成

路面管理系统可划分为网级管理系统和项目级管理系统,分别适应不同管理层次的需要,具有不同的功能和结构。

### (一)网级路面管理系统

网级路面管理系统的范围,包括一个地区(省、市)的公路网或一大批工程项目。它的主要任务是为管理部门在进行关键性的行政决策时提供对策。它们包括:路况分析——路网内路面现有状况的分析和今后路面状况变化的预估分析;路网规划——确定路网内需要养护、改建和新建的项目;计划安排——这些项目应进行养护、改建和新建的时间,各项目的优先排序;预算漏制——路网达到不同预定服务水平时,各年度所需的投资额;资源分配——各行政区域或不同等级道路或养护、改建和新建之间的资源分配。

为实现上述任务,网级路面管理系统主要包含管理方面的输入要素、工程方面输入要素、"费用—效果"最佳的养护和改建对策要素、分析结果输出要素等各项基本要素。

其中,管理方面的输入要素包括:使用性能标准和目标——为路网内各项目规定的使用性能(行驶质量、损坏程度、结构强度和抗滑能力)最低要求,预定路网使用性能应达到的总体水平等。政策约束条件——项目优先排序的特定原则,事先规定的地区投资分配比例或养护、改建和新建投资分配比例等。预算约束条件——各年度可用于路面工程的资金等。

工程方面的输入要素包括:路面现状——通过路况监测系统定期采集到的路面使用性能数据(平整度、路况指数、弯沉、抗滑指数等)以及依据这些数据所做出的路况水平的评价。养护和改建对策——为不同类型和不同路况的路面,按当地的经验、条件和政策,制订出若干典型的养护和改建对策,供选择对策方案时参考。使用性能预估模型——建立各类路面(包括采取各种养护和改建措施后)的使用性能随时间或交通作用而变化的关系,据以分析比较各种对策方案的效果,以求得到最佳的对策。费用模型——通常包括建筑费用、养护费用和用户费用三部分。建筑费用是指新建或改建时的一次投资。养护费用则是路面在使用期间的日常维护费。用户费用是指使用道路的车辆所担负的运行费、行程时间费和延误费等。它反映了公路部门提供的投资和服务水平所产生的直接社会效益。

上述管理方面和工程方面的输入要素为系统进行分析提供了基础。建立管理系统的主要目的之一是提供最佳的路网养护和改建对策。这些对策能使整个路网在预算受约束的条件下维持最高的路况(服务)水平,或者使整个路网在满足最低使用性能标准的条件下所需的投资最少。为实现这一目标,可以采用不同的优先规划或优化方法,从最简单的排序方法到利用数学规划模型考虑时序影响的全面优化方法。

优化分析的结果可为路网提供养护和改建项目的优先排序表。据此,可以编制年度计划、中长期规划和财务计划。这些计划或规划可以按改建或养护分别编制,也可综合在一起编制。

路面管理系统必须建立在大量信息的基础上,以数据作为支撑。这样,才能使系统提出的对策具有客观性和针对性。因而,整个管理须包含数据管理系统。它由两部分组成:路况监测(数据采集)系统和数据库。路况监测主要为定期采集路面使用性能参数和交通参数。这是一项很费时间和钱的工作,但又是一项必须进行的基础工作。

数据库提供了数据的储存和检索,通常包含下述四类信息:设计和施工数据——道路等级、几何参数、路面结构和厚度、所用材料及其性质试验结果、路基土性质及试验结果等。养护和改建数据——曾采取过的养护和改建措施的类型、日期和费用等。路面使用性能数据——主要包括行驶质量、路面损坏状况、结构强度和抗滑能力四方面参数的定期测定结果。

其他——环境(降水、温度等)、交通(日交通量、标准轴载数)和单价等。

## (二)项目级路面管理系统

项目级路面管理系统仅针对一个工程项目。它的主要任务是为管理部门对某一工程进行技术决策时提供对策,以选择"费用—效果"最佳的方案。

项目级管理系统的基本要素及其同网级管理系统的关系。由网级管理系统的输出,可以得到某一计划工程项目的三方面目标:行动目标(采取哪一类养护、改建或新建措施)、费用目标(可分配到的最高投资额)和使用性能目标(在预定期限内应具有的使用性能指标)。这三方面目标便是选择项目方案的约束条件。

项目级管理系统依据网级系统所给定的约束条件,把该计划项目有关的设计、施工、养护和改建活动组织协调在一起进行周详的考虑。

通常,新建或改建路面的设计都是按预定的服务年限(设计年限)提出结构断面方案,而并不分析寿命周期的经济性,也不考虑初期修建同养护和改建(铺加铺层)的相互影响。项目级管理系统可以对考虑设计、施工、养护和改建的各个方案的费用和效益进行比较,从中得出可以在分析期内以最低的总费用提供要求的服务水平或效益的最佳对策方案。

利用所采集到的路面使用性能参数及材料、交通和环境等数据,可以按预定的分析期初拟路面备选方案。这些方案经过应用路面结构分析模型作结构损坏的计算分析和路面使用性能预估分析,表明其在寿命周期(分析期)内成立后,即可进行寿命周期费用分析,并对各方案的分析结果做出经济评价。随后,按达到预定的可靠度水平时费用最小的目标进行优化,并按预算约束条件选择最佳方案。

### 三、路面管理系统的发展历程

路面管理系统的研究起源于美国和加拿大,最初的焦点是路面设计。1966年,美国全国公路合作研究计划(National Cooperative Highway Research Program,NCHRP)设立了改善路面设计方法的研究课题,意图在路面设计领域内取得新的突破。其结果是,在路面设计中引入了系统分析方法,并首次提出了路面设计系统的概念。

依据路面设计系统来看,仅囿于设计不可能设计出良好的路面结构。施工质量的控制水平和路面使用周期内的养护水平,对于设计出的路面结构是否具有预期的使用性能或使用寿命有重大的影响。此外,预期的使用性能或使用寿命是否符合实际,需要通过对使用期内的路面状况进行定期的监测和评价予以检验。因而,设计系统应能在系统中很好地反映出这些因素的影响。同时,路面设计不能仅考虑一次修建,仅计及初期修建费和该路面结构的使用寿命,而应考虑预定分析期内可能采用的各种修建方案,这些方案包括各种初期修建及养护和改建措施的不同组合。为此,设计系统应包含使用性能预估、经济分析和优化部分,以便能通过分析比较得到"费用—效果"最佳的方案。

20世纪70年代初期,许多研究者致力于引入系统分析和运筹学以建立路面设计系统(如柔性路面设计系统FPS和路面系统分析方法SAMP等)。而在逐步完善的过程中,设计系统便扩展成了项目级路面管理系统。1971年首次出现了路面管理系统的术语。

20世纪70年代起发达国家的公路管理部门把注意力从扩展公路网和新建公路转向于通过养护、改建维护和改善现有路网。养护和改建工作得到了重视,养护和改建的投资比例也得到了增加。如何合理分配和使用养护和改建资金,使路网具有尽可能好的使用性能和服务水平,成为人们关心的重点。研究工作便由项目级路面管理系统转向于建立和实施网级路面管理系统。现代管理方法在这一时期的重大发展为路面管理系统的建立提供了理论基础,计算机技术的迅速发展则为之提供了高效率的工具。平整度仪、弯沉仪、抗滑系数仪等一系列使用性能量测仪器的研制和改进,为数据采集和路况评价,也即为路面管理决策提供了支持信息。世界银行等单位在路面状况和车辆营运费之间建立了定量的关系,从而为计算效益,进行经济分析,选择"费用—效果"最佳方案提供了可能性。上述各方面的进展都大大推动了路面管理系统的发展。

20世纪70年代后期起,美国和加拿大的许多州和省相继建立和实施网级路面管理系统。到20世纪80年代中期,约有35个州和省已经建成或基本建成路面管理系统。其中,较有代表性的有美国加利福尼亚州路面管理系统(1978),华盛顿州路面管理系统(1980),亚利桑那州路面管理系统(1980),美国陆军工兵团的PAVER系统(1983),加拿大阿尔伯达省的路面信息和需求系统(1983)、改建信息和优序系统

（1984）及城市路面管理系统（1987）。

同时，其他国家也陆续开展并建立了路面管理系统，如丹麦路面管理系统（1980），英国运输和道路研究所的公路桥梁养护评价系统（1980）等。

路面管理系统的兴起和迅速发展，其主要推动力是社会的需要和系统实施所带来的效益。公路路面建设投资通常非常大，理应对它进行科学的管理。为了保持和改善现有路网的路面状况和服务水平，每年还要花费很大的资金，而各国都面临资金严重不足的问题。怎样使用好有限的资金，提供尽可能高服务水平的路面，是各管理部门需优先解决的任务；而路况的好坏将直接影响到用户，影响到用户的支出和全社会能源的节约。因此，路面管理系统这项研究专题引起了各国公路管理部门和研究人员的极大兴趣，成为路面领域内研究的"热点"，不到20年即取得了巨大的进展，使路面管理系统的理论和方法达到成熟。

一些公路管理部门通过建立和实施路面管理系统也取得了许多收益，表现在：第一，可以利用通过监测系统采集到的客观资料来说明路况的现状，以便及时采取适当的措施改善路况。第二，可以利用具有一定可靠度的路面使用性能预估模型，预测各种养护和改建对策的后效以及路网内路况今后的发展变化。第三，申请投资时，可以用客观的数据作为依据，并可以论证不同投资（预算）水平对路网路况和服务水平的影响。第四，为合理地和有效地分配投资和其他资源提供"费用—效果"最佳方案。第五，可合理评价各种设计方案，选择"费用—效果"最佳方案。第六，利用监测系统采集到的数据，可考察和评价设计、施工和养护工作，为改善和更新各种设计、施工和养护方法和规范提供依据。

随着越来越多的国家与地区建立和实施路面管理系统，路面管理的技术也将得到进一步的完善。路面评价的技术，例如，应用光学和声学方法量测路面平整度,采用图象分析技术的自动化路面损坏量测设备,高速度的弯沉与摩擦系数测定方法等,将会迅速得到推广应用,从而提高路况数据采集的效率和可靠度。以知识为基础的专家系统将会受到更多的重视,在路面管理系统的路况评价、养护和改建对策选择、排序等方面得到应用,使众多管理专家的经验能融入系统中。路面设计和施工技术的研究进展,例如,路面结构设计和施工质量控制同路面使用性能的直接结合,以便得到使用性能有保证的路面,将会推动项目级路面管理系统的发展。此外,网级和项目级管理系统的界面将得到进一步改善,使网级和项目级系统能更为密切地融合于整个路面管理系统中。

我国路面管理系统的研究起始于1984年。1985年首先在辽宁营口地区移植了英国的沥青路面养护管理系统。而后,北京、广东、河北、山东、河南和江西等省市的公路部门相继建立了省市级或地区级沥青路面管理系统。上海、天津和北京等市的市政部门也开展了这方面的研究。目前,许多省市和地区的公路和市政部门正在积极开展或打算进行这方面的研究工作。预期今后5~10年内我国将会在路面管理系统方面取得较大的进展。然而,公路和市政部门的管理人员对路面管理系统的认识和接受,需要一个相当长的熟悉和适应过程;路况数据的采集手段很落后,数据采集的时期很短,而数据不足和精度差将难以建立可靠而有效的管理系统。因此,路面管理系统要在管理部门真正得到应用,取得效果,这将是一项十分艰巨的任务。

# 第二节 公路桥梁养护的技术管理

公路桥梁养护技术管理是道路管理的重要组成部分,它是道路管理部门合理组织设计、施工、养护的主要方法,也是为了不断提高养护、管理道路的技术水平,积极采用先进的新技术、新工艺、新材料、新设备,努力提高道路养护工程的质量和劳动生产率,全面降低原材料消耗和生产成本,确保各级道路养护工程任务高速、安全、低耗地完成。

公路桥梁养护技术管理和基本任务就是要严格贯彻国家有关道路建设的技术政策、标准、规范、办法和相应的安全规章、操作规程、管理条例,以提高养护质量,做到安全生产。

**一、公路桥梁养护指导方针和技术政策**

公路桥梁养护工作应贯彻"预防为主,防治结合"的方针,加强预防性养护,保持公路及其沿线设施良好的技术状况。公路桥梁养护工作应切实贯彻"科技兴交,科学养路"的方针,大力推广和应用先进的养护技术、机械装备和科学的管理方法。公路桥梁养护工作应重视资源节约和环境保护,应注重养护生产作业安全及减少对通行车辆的影响。在整个公路工作中,应把现有公路桥梁的养护和技术改造作为首要任务。

公路桥梁养护工作应贯彻执行以下技术政策:第一,预防为主,防治结合。根据积累的经济技术资料,进行科学分析,预加防范,增强公路及其设施的耐久性和抗灾能力,特别要重视雨季防护,减免水毁损失。第二,重视调查研究,针对病害原因采取相应的技术措施。第三,因地制宜,就地取材,做到经济适用。第四,挖潜改造,合理利用。第五,尽量采用国内外有关科研成果,推广使用新技术、新材料、新设备、新工艺,将科学养路与经济效益相结合。第六,强化科学管理,严格土工试验,坚持"质量否决权"制度。第七,加强综合治理,保护生态平衡,防止环境污染。

除此之外,还需遵循以下相关政策:第一,积极开发、应用公路数据库和养护管理信息系统,逐步实现信息传输处理和病害处治对策科学化。第二,发展养护机械,实行大中小结合,以小型为主,尽量一机多挂,减轻劳动强度,保障工作人员健康。第三,积极研究并增设现代化交通工程设施和服务设施,及时抢险救援,提高公路服务水平。第四,建立桥梁养护工程师制度,切实纠正"养路不养桥"的倾向。第五,积极开展有针对性的应用科学研究,通过技术进步解决公路桥梁养护与管理手段方面的种种技术疑难,达到"多、快、好、省"的目的[①]。

## 二、技术管理主要内容

公路桥梁养护的技术管理工作包括:安全质量管理、技术交底、施工组织设计、作业检查、施工记录、技术档案、技术培训和推广先进技术等。

### (一)安全质量管理

安全质量管理的主要内容包括执行安全质量措施计划;检查措施效果和问题;发现问题,分析原因,制定改进措施。

### (二)技术交底

由路段主管工程师将各路段的养护重点、施工方法操作规程、质量要求、安全技术措施等,向所属班组长和施工人员进行现场交底。

### (三)施工组织

中修以上工程应对施工工序、进度、质量控制指标、现场布置等与施工方案相配合,进行施工组织设计。

### (四)作业检查

对安全质量、进度、材料计量与测试、设备利用等,进行检查,并与原始记录核实。

### (五)施工记录

施工记录的主要内容包括:各种原材料、半成品、成品检验、试验记录和合格凭证;各种外露和隐蔽工程及松件检验记录;施工测量图表记录和工程日记;推行新工艺、先进技术和采用新材料的记录以及

---

①谢仪,韩小万. 公路桥梁养护管理中的技术问题及对策[J]. 交通世界(中旬刊),2018(12):119-120.

取得的技术成果总结;对安全、质量事故的检查处理记录和照片。

### (六)技术档案

科技档案与技术档案管理是养护部门生产管理的重要环节。加强公路科技档案的管理,必须遵照集中、统一管理的原则,建立、健全科技档案,使之达到完整、准确、系统的科技文件材料归档。

档案管理工作是经济建设和技术管理工作的重要部分。技术档案是一种巨大的信息资源,充分开发和利用科技档案资源,为领导决策及时提供依据,为公路桥梁的建养管理提供优质服务,为提高经济、社会效益和及时解决纠纷提供凭证都具有重要意义。因此,加强公路桥梁技术档案管理,按照集中统一管理技术档案的基本准则,按档案管理的具体要求,建立、健全技术档案,是公路桥梁养护管理工作的一个重要环节。

要建立健全科技文件的形成、积累、整理、归档制度,做到每一项科研、工程等活动都有完整、准确、系统的科技文件材料归档保存。

成立技术档案室,配备专人负责管理。建立健全各项规章制度、档案室管理制度、科技档案查阅制度和技术档案归档制度。技术档案部门应将接收到的档案,按专业系统的技术档案分类,编制必要的检索工具和参考资料。

重要的技术档案资料应当复制副本,分别保存,以保证技术档案在非常情况下的安全和利用。借阅、复制和销毁技术档案要有一定的批准手续,防止失密。定期检查技术档案的保管状况,包括防盗、防火、防晒、防虫、防尘等设施,对破坏或变质的档案,要及时修补和复制。

为提高技术档案工作管理水平,争创"一流",将有计划、有步骤地实现技术档案资料的计算机管理,压缩复制技术以及其他现代化保管技术的应用,逐步实现技术档案管理现代化。各单位应设专门的技术档案,有专人负责管理,建立、健全相应的各项档案管理规章制度。

### 三、公路养护工程分类

根据《公路养护技术规范》(JTGH 10—2009)的规定,公路养护按其工程性质、技术复杂程度和规模大小,分为小修保养、中修工程、大修工程、改建工程四类。

#### (一)小修保养

小修保养是对公路及其沿线设施经常进行维护保养和修补其轻微损坏部分的作业。通常是由养护工区(站)在年度小修保养定额经费内,按月(旬)安排计划,经常进行的工作。

#### (二)中修工程

中修工程是对公路及其沿线设施的一般性损坏部分进行定期的修理加固,以恢复公路原有技术状况的工程。通常是由基层公路管理机构按年(季)安排计划并组织实施的工作。

#### (三)大修工程

大修工程是对公路及其沿线设施的较大损坏进行周期性的综合修理,以全面恢复到原技术标准的工程。通常是由基层公路管理机构或在其上级机构的帮助下,根据批准的年度计划和工程预算来组织实施的工作。

#### (四)改建工程

改建工程是对公路及其沿线设施因不适应现有交通量增长和荷载需要而进行全线或逐段提高技术等级指标,显著提高其通行能力的较大工程项目。通常是由省级公路管理机构或地(市)级公路管理机构根据批准的计划和设计预算来组织实施或通过养护招标来完成的。

对于当年发生的较大水毁等自然灾害的公路抢修和修复工程,可列为专项工程办理。对于当年不能修复的项目,视其规模大小,列入下年度的中修、大修或改建工程计划内完成。

### 四、路况登记的内容与依据

#### (一)路况登记的内容

路况登记的内容包括:路况平面略图;公路基本资料;路况示意图;构造物卡片;桥梁、隧道、涵洞、挡土墙、绿化等。

#### (二)路况登记的依据

路况登记的依据包括:公路现状调查资料;设计文件;施工记录、检测、检验资料;竣工文件、技术总结;水毁修复、大修、改造资料。

公路路况资料应逐步做到利用计算机进行数据处理和储存。在采用计算机建立数据库时,所有数据应按《公路数据库编目编码规则》(JTT 132—2003)执行。编目名称包括公路路线、公路路基、公路路面、公路桥梁、公路涵洞、公路渡口、公路工区(站)房屋、公路隧道、综合部分和图例式样十个部分。

# 第三节 公路桥梁养护施工区安全管理

公路桥梁养护施工安全直接关系到公路安全畅通,不仅涉及施工管理者和操作者的安全,而且涉及行驶车辆和周边环境的安全。为加强公路桥梁养护施工安全管理,保障公路事业科学、协调发展,促进和谐社会建设,特制订相关措施确保安全施工。

### 一、养护施工安全合同管理

养护工程的安全责任必须纳入承包合同内容,公路段部与养护道班签订安全合同,需明确安全管理要求,落实安全责任。养护道班对施工设计应当兼顾安全措施。凡是拒不执行安全规定的,要限期整改,实施处罚。公路段部应对养护道班的安全情况予以监督。

## 二、施工前期安全准备与施工现场安全管理

### （一）施工前期安全准备

养护道班要对养护施工作业人员进行安全知识和安全技能培训。养护工程开工前，公路段部在召开技术和安全交底会议时，应对养护道班的安全工作明确具体要求，对进场施工的安全准备情况进行核查。养护道班要制订施工项目的安全管理岗位职责、制度和操作规程，配备保障施工安全必需的设施、设备[①]。

### （二）施工现场安全管理

1.完善生产安全的责任制度

公路施工安全措施是基于安全生产责任制的，这个制度是公路所有管理环节的标准，所以应该完善生产安全责任制。在原有的标准上严格实行，这样可以提高生产质量。如果要使责任制更加健全和完美，就需要公路管理每个部门和单位以及每个员工的努力，在责任制上要细化到每一个人。同时再根据交通管理的法律法规严格规范公路施工的操作流程，严谨地完善生产安全责任制和施工的现场管理安全制度，以此来提高公路施工区的安全性。把安全管理做到严格、细化，每个人该承担怎样的责任都明确下来，不徇私舞弊。对领导层的管理必须更加严格，这样的话会最大程度上减少交通事故的发生，保障每一个基层施工人员的安全。

2.重视安全管理教育

公路管理部门必须进行安全管理教育，定期实行安全教育的培训，使每个员工都参与安全教育，增加安全教育的宣传度，使安全施工的观念深入每个员工的内心。实行这样的教育培训能够提高施工人员的综合素质，能够使施工人员了解到各个施工步骤中潜在的风险，使施工人员的安全意识进一步加强，降低事故的发生率，从而形成一

---

①张志明.公路桥梁养护施工作业区域的风险分析与控制[J].中国水运(下半月)，2010,10(2):40-41.

个安全的施工管理环境,减少员工工作的压力。安全管理教育的培训也要因人而异,在每个层面培训的方法应该有所差别,针对每个阶层的现实情况进行专业的管理。施工人员培训的分类可以按照职责类型来分,分为管理人员及施工人员。

对管理人员的培训方法如下:对施工阶段的每个安全目的进行分析,分析在进行养护施工时潜在的安全隐患,管理人员应该怎样合理有效的处理各种问题,使得管理人员更加专业化,提高他们的使命感。对待施工人员的施工方法应更加细化,一线的施工人员工作风险更大,培训方法如下:重点分析在进行施工养护的工作时应该注意的问题以及每个环节潜在的风险、怎样实施安全防护工作并如何把安全防护做到位,着重强调工作现场的安全规范和操作、注意施工过程中标志警示牌的摆放位置、明确高空作业时的安全指标。另外,一线施工人员也要注意公路桥梁养护的细节部分、路面清洁时需要注意的问题、施工设备维护等环节,施工人员要定期检查各个设备的安全性能,加强各个方面的安全管理,如发生突发状况时,必须马上进行处理,不能有一丝懈怠。

3.加强机械设备的安全管理和养护

施工时需要用的机械设备非常繁杂,在管理和维护上必须更加严谨。加强对机械的养护和安全性的管理能够延长其使用寿命和完好度,能够使公路桥梁养护施工的工作效率和质量大大提高。对于机械设备的管理方法如下:一是要求每类设备的养护人员的专业性,对养护时的每一个步骤都清楚熟悉,可以独立的完成养护操作,严格的按照养护操作的流程来进行设备养护。二是严禁使用问题设备,一旦发现有问题的设备立即停用并进行修理,施工的车辆在现场不能够逆行或者调头,施工的大型机械设备在每一次使用前都要进行全面的安全检查,并做好一系列的安全防护措施,保障现场施工人员的人身安全。

### 4.施工现场安全注意事项

在公路桥梁养护施工区作业危险系数特别高,现场的安全管理必须严格执行。注意事项如下:第一,凡是在施工现场的工作人员都要身着桔黄色的作业服或者反光背心,必须佩戴安全帽,基本装备必须要到位;第二,施工现场必须设立专门的安全管理人员,对员工活动区域进行严格管理;第三,要把施工现场的各种材料和物品整齐有序的放置,不能影响施工车辆行驶;第四,现场的施工车辆、机械设备等安放位置要严格有序,规范停放;第五,在公路桥梁养护施工完成后,安排工作人员时刻巡查,直到开放交通,这样才能避免刚养护好的道路再次遭到损坏,减少交通事故的发生。

总之,现阶段我国对交通运输业越来越重视,出台的一系列政策也加快了公路的建设和使用,这也使得公路的养护更加重要。公路上车速快车流量大,使得养护工作危险系数增大。因此,需要对公路的养护安全问题进行仔细分析,研究出更加完善的管理制度和管理措施,完善安全生产责任制,加强对每个员工的安全管理教育,把责任明确到每一个人,提高公路桥梁养护施工的安全性。

## 三、养护设备安全管理及养护安全信息管理

养护道班的所有养护设备运行时需严格执行安全规定。操作人员必须具备相应资格、资质证书,应掌握基本知识,熟悉操作技能,养护道班要定期对机械设备操作人员进行安全检查考核。养护施工作业车辆不准带病出车,不准随意掉头和逆向行驶,夜间行车必须保持高度警觉,严禁疲劳和违规驾驶。

公路段部和养护道班必须坚持路况巡查制度和紧急情况报告制度。及时掌握所辖路段的路况和养护施工信息,凡是可能影响交通安全的施工作业情况,都应当及时将信息汇集至上级部门,突发紧急情况必须及时上报,将收集的养护信息认真予以记录。

### 四、公路桥梁养护施工区安全保障设施设置

公路通行运营一段时间之后，由于工程自身质量存在缺陷，再加上车辆荷载及外界环境的影响，容易出现质量缺陷，应该立即采取养护措施，及时修复存在的缺陷，保障工程有效运营。同时在养护施工过程中，为确保施工区的安全，合理设置安全保障设施是必要的。但一些养护单位对该问题不重视，安全保障设施的设置不到位，对养护作业效益提高带来不利影响，需要采取改进和完善措施。

#### (一)公路桥梁养护施工区安全保障设施设置的特点

安全保障设施设置的目的是确保施工安全，避免发生安全事故，并确保车辆顺利通行。具体来说，其主要特点表现在以下方面。

1.设置的目标多样性

安全保障设施设置既要为施工提供便利，还要确保施工期间交通顺畅，避免交通拥堵。并保障施工人员安全，实现对安全事故的预防，防止出现不必要的损失。

2.安全保障设施设置是一项动态的工程

养护施工的不同阶段，应分别采取不同的安全保障措施。并根据施工需要，对安全保障措施进行动态调整和完善，有效保障施工安全的需要，顺利完成公路桥梁养护施工任务。

3.考虑设施基本用途

将临时性和永久性设施结合起来，对其进行充分合理利用，确保施工区安全。一般临时和永久隔离设施是通用的，但高度不同，安装方法不完全一样，施工中应该考虑养护施工需要，综合应用组合式立柱基础方案。近期立柱固定于护栏，远期立柱采用组合式基础，进而提高方案的合理性，确保养护施工区安全。

4.对比不同设计方案

根据养护施工需要，以确保养护施工安全和提高工程效益为目标，对比不同方案的技术性与经济性，选用最优设计方案。同时还要

维持道路畅通,缓解交通压力,提高方案设计的科学性。例如,在中央分隔带加设临时标志,路侧设移动标志,将这两种方案有效结合起来,更好地指导养护工程施工。

### 5.合理确定材料来源

养护施工中,有些安全保障设施材料可以进行再次利用,不仅方便施工,还能节约成本。因此,养护施工中本着节约投资的目的,应该合理利用废弃或淘汰设施。对可以继续使用的交通标志加以保护,并适当改造,科学设置安全保障设施,为养护施工创造便利。

### 6.提高公路服务水平

设置安全保障设施时,应该考虑安全行车需要,确保交通顺畅,促进车辆安全顺利行驶。尽量缓解交通拥堵现象,为车辆安全、便捷行驶创造条件,有效提升公路的整体服务水平。

### (二)公路桥梁养护施工区安全保障设施设置的不足

由于一些养护施工单位的资金投入不足,相关制度不完善,导致养护施工区安全保障设施设置存在以下问题,制约了养护施工安全水平的提高,应该有针对性地采取完善措施。

### 1.资料分类和整理不足

一些养护单位不重视资料搜集,难以全面掌握和了解公路施工和运营基本情况,对工程建设带来不利影响;或者没有合理整理相关资料,难以对养护方案的制定发挥指导作用,对确保养护作业安全,提高养护施工水平带来不利影响。

### 2.安全保障设施不到位

确保养护施工区的安全是养护工程不可忽视的内容,应该根据养护工作需要设置安全保障设施。但一些养护人员忽视该项工作,未能将这些制度措施落实到位,不利于提高养护工程质量和施工安全。例如,安全指示标志、安全警示标志、施工安全设施的设置不到位,难以对养护施工现场进行有效规范和约束,制约养护施工区安全管理水平的提高。

**3.其他工作存在的不足**

为保障养护施工区的安全,做好其他安全设施的设置工作是必要的。但目前这些工作没有全面落实,例如,临时交通管理和服务设施、临时通信控制设施、临时收费设施、供电照明设施的设置不到位,对养护施工带来不利影响,影响施工区安全管理水平的提高。

**(三)公路桥梁养护施工区安全保障设施设置的对策**

为弥补安全保障设施设置存在的不足,确保公路桥梁养护施工区的安全,避免安全事故发生,确保施工人员安全,应该采取以下改进对策。

**1.重视资料分类和整理**

对公路运营的基本情况进行全面调查,做好资料收集和分类整理工作,然后制定科学合理的养护施工方案。对需要拆除或大修部分优先利用,减少养护工程量,降低养护维修成本。并提高养护施工方案的科学性与合理性,恰当设置安全保障设施,促进养护施工效益提升。

**2.设置临时交通管理和服务设施**

新旧路面拼接过程中,单向封闭一个或几个车道,设置施工警告标志灯。同时还要安排值班人员,加强施工现场巡视和检查,及时发现并排除存在的安全隐患,确保现场施工各项活动顺利进行。互通养护施工中,要充分利用现有监控设施,监控并管理公路的交通状况。对不同路段要有针对性地提出交通管制方案,及时疏导交通,为养护施工的安全、顺利进行奠定基础。如果连续养护施工路段较长,通常每隔 1~2 km 应该设置临时紧急停车带或小型停车区,为车辆紧急停靠创造条件,对推动施工顺利进行,保障养护施工安全也具有积极作用。

**3.设置安全保障设施**

根据养护施工需要,以保障施工安全为目标,合理设置交通安全设施,包括临时标志、标线、临时护栏、隔离设施、视线诱导设施等。通过这些设施的合理利用,可以有效规范和引导养护施工,对确保养护施工安全具有重要作用。临时交通标线用三级反光膜,包括车道边缘线、分界线、路标、导向箭头等。临时防护栏和隔离设施包括施工场地的隔离防护栏、封闭交通时的防护栏、隔离墩、防撞护栏等,并注重将临时设施和永久设施结合起来使用。临时诱导设施主要包括视线诱导和分合流端诱导,例如,轮廓标、线形诱导标、分合流诱导标、雾天视线诱导设施等,对于确保有效规范和指引行车,确保行车安全具有重要作用。

4.设置临时通信控制设施

养护施工中,应该合理利用原有的监控通信设施,确保养护施工安全顺利进行。在拆除原有通信设施且新设施尚未建成之前,可利用移动通信网络和无线紧急电话开展通信工作,进而方便施工人员、管理人员的联系,增进相互了解,更好地满足施工建设需要。同时也有利于提高养护施工和管理水平,保证公路桥梁养护施工作业的安全。公路都配有完备的通信管理系统,整个线路都敷设了通信光缆。改扩建施工中,中央分隔带的管线不会受到影响,但互通分歧管线会受到影响,为尽量降低这种影响,确保施工的安全与可靠,有必要架设临时通信线路,满足公路通信工作的需要。临时通信光缆常用架空方式跨越施工区域,并引至通信站,为通信工作顺利进行提供保障。互通扩建工程完成后,需要重新敷设管道路线,代替临时管线,满足通信工作需要。

5.设置临时收费设施

互通养护施工中,需要在临时出入口处设置收费设施。采用就近收费站的站名,并完善各项收费设施配置,有效满足收费管理需要,并将临时收费站的收费设备接入收费站的计算机网络,对过往车辆进行收费和管理。临时收费设施包括收费广场、收费岛、排水设施等,养护施工中需要加强设计和施工,合理设置各项设施,满足收费管理需要,实现有效提升收费管理水平和服务质量的目的。

6.设置供电照明设施

为保障养护施工安全,预防安全事故发生,合理设置临时照明设施是必要的。公路道路加宽施工时,需要设置警示照明灯,满足车辆安全行驶需要,同时也为养护施工的安全可靠进行创造便利。临时管理机构用电时,应该合理利用附近的供配电设施,新建供配电设施完成施工后,再进行切换,满足供电和照明需要。

整个公路桥梁养护施工中,为确保施工区的安全可靠,保障施工人员作业安全,促进机械设备发挥作用,应该考虑工程建设基本情况,合理设置安全保障设施,并加强每个环节的规划工作,预防发生安全事故,确保养护施工顺利进行,避免出现不必要的损失,促进公路桥梁养护施工效益提升。

### 五、突发紧急情况处置与安全检查考核

养护道班应针对安全事故、交通运输事故、公共设施和设备事故等突发紧急情况分别制订处置预案措施,提前做好各项准备工作,提高处置突发紧急情况的能力,最大限度地预防和减少突发情况造成的损害。

公路段部必须坚持安全检查和督察,长抓不懈,警钟长鸣。将养护安全工作纳入目标责任管理,分期进行考核,严格执行奖惩制度。对管理不善、监督不为、执行不力导致的重大养护安全责任事故,坚决实行责任追究制度。对严重违反规定且拒不整改的问题,要求停工整改。

# 后 记

经过了长达一年有余的艰苦奋战,这本关于公路桥梁施工组织与养护管理的书稿终于尘埃落定。我对这部书稿倾注了不少心血,其中的艰辛就不用说了,但苦中有乐的是在这其中我学到了许多。在重温以前的公路桥梁施工与养护管理著作中,我发现自己的文笔竟小有进步,单凭这一点就不禁沾沾自喜,但更高兴的还是对公路桥梁施工组织与养护有了更深的了解和更透彻的看法。

十六万字的书稿不仅包含了我个人的努力,更要感谢公路桥梁施工组织领域的专家和同僚们对书稿的指导与建议。在各专家和同僚们的大力支持下,我们精选书稿内容,由业务骨干执笔精心撰写点评意见,并经数次修改完善,最终定稿。专家和同僚们在公路桥梁施工组织领域研究方面耕耘数载,在各方面都给予我很大的帮助,书稿修改阶段几易其稿,专家们不辞辛苦,在此无法用文字表达感激之情。还要特别感谢同僚们对书稿的认真考究和修改,他们对做学问的严谨态度也深深地感染了我。

在此,不得不提本书的编委会成员们,在本书的编写攻坚时刻大家鼎力相助,一年虽短,但大家共同奋斗的经历让人永生难忘。我们选择了公路桥梁施工行业,为这一领域做出贡献是我们不懈的追求,知识的更新与问题的求解将是我们宝贵的财富。

由于篇幅所限,我们在编辑过程中只能选取公路桥梁施工组织和养护领域中精彩的一部分,难以全面反映公路桥梁施工组织与养护的总体情况,恳请谅解。同时因我们的水平和经验有限,本书应存在许多瑕疵,敬请读者批评指正。

# 参考文献
## -REFERENCE-

[1]丁烈梅.路面施工技术[M].北京:北京理工大学出版社,2017.

[2]冯建希,于海峰.如何做好施工进度计划的编制工作[J].山西建筑,2018,44(27):244-245.

[3]高峰,张求书.公路施工组织与概预算[M].北京:北京理工大学出版社,2014.

[4]高永春.公路桥梁施工项目质量管理探究[J].建筑工程技术与设计,2019(35):296.

[5]韩作新,陈发明.公路桥梁涵洞工程施工作业指导书[M].成都:电子科技大学出版社,2017.

[6]侯相琛,曹丽萍.公路养护与管理[M].北京:人民交通出版社,2015.

[7]黄关平.常规公路桥梁典型病害分析与养护对策[M].杭州:浙江大学出版社,2017.

[8]李双龙.公路桥梁施工物资成本核算管理及成本控制对策[J].山西建筑,2019,45(14):176-178.

[9]李瑜,王东,曹巍.公路桥梁与维修养护[M].昆明:云南科技出版社,2017.

[10]刘新.建设工程专项施工方案编制存在的问题及对策[J].建筑工程技术与设计,2019(21):1651.

[11]孟丛丛,柳海龙.公路养护技术与管理[M].北京:北京理工大学出版社,2015.

[12]聂志文.公路桥梁施工安全管理体系与风险管理[J].建筑工程技术与设计,2019(36):3176.

[13]申强.公路常用桥梁养护管理指南[M].北京:人民交通出版社,2018.

[14]孙永明.桥梁工程[M].成都:电子科技大学出版社,2016.

[15]唐青青.公路桥梁施工组织设计和施工管理初探[J].建筑工程技术与设计,2019(36):1940.

[16]王俊平.公路桥梁施工中的质量管理研究[J].建筑技术开发,2017,44(8):93-94.

[17]王小靖.公路工程施工技术[M].北京:中国原子能出版社,2017.

[18]魏建明.公路施工技术与管理[M].北京:人民交通出版社,2010.

[19]谢仪,韩小万.公路桥梁养护管理中的技术问题及对策[J].交通世界(中旬刊),2018(12):119-120.

[20]徐鸿雁.公路桥梁养护工程项目质量控制研究[J].区域治理,2019(3):202.

[21]闫佐廷,许光君.公路养护机械[M].沈阳:东北大学出版社,2012.

[22]杨晓莉.道路桥梁施工安全管理问题及措施分析[J].中国科技纵横,2019(15):111-112.

[23]尹素花,常建立.建筑施工技术[M].北京:北京理工大学出版社,2016.

[24]于晓芳.公路桥梁施工组织设计和施工管理策略研究[J].中国公路,2017(13):109-110.

[25]张兴强.公路工程概预算[M].北京:北京交通大学出版社,2011.

[26]张志明.公路桥梁养护施工作业区域的风险分析与控制[J].中国水运(下半月),2010,10(2):40-41.

[27]赵秋胜.公路桥梁养护决策与管理系统研究[J].黑龙江交通科技,2015(8):132.

[28]郑宇,杨莅溁.施工技术资料整编[M].北京:北京理工大学出版社,2013.

[29]朱丽霞.路桥工程合同管理的必要性及加强措施[J].现代商业,2011(11):144.